はじめに

大聖堂のステンドグラスを巡り歩くとき、その一つ一つの美しさに目を奪われます。また、聖書について少し知識があれば、それぞれのステンドグラスがどの書のどの場面を描いているかがわかることがあります。

それとともに、一つの大聖堂の数あるステンドグラスを、ある順番で巡り歩くとき、ステンドグラス全体で一つの物語が語られていることを発見します。多くの場合、それはイエス・キリストの生涯です。ミラノ大聖堂のステンドグラス（本書カバーを参照）ならば、一つの大きなステンドグラスの中の小さな絵が積み重ねられて、新約聖書全体の物語が語られています。

聖書六十六巻の一つ一つの書は、大聖堂に並べられた数多くのステンドグラスのようなものです。それぞれの書を別個に味わうとき、その美しさに目を奪われ、神の語りかけを聞くことができます。それとともに、これらの書をある順番で読み進めていくと、一つの物語が聖書全体に流れていることにも気づくのです。

この本は、六十六巻を流れる一つの物語に目を注いで聖書全体を読んでいく試みです。大聖堂の中を巡り歩く気分で、読み進めていただければ、と心から願っています。

目次

I　聖書六十六巻を貫く一つの物語

A　ひとりの宦官の叫び

聖書を読むことは決して簡単なことではありません。多くの人が、「聖書、読んでもよくわからない」と思っています。この本を手に取るような皆さんなら、「よくわからないけれど、わかるようになりたい」と積極的に取り組もうとしているのかもしれません。

「聖書を読んでも、よくわからないのですが」と嘆く人は、聖書にも登場します。使徒の働き第八章に登場する、エチオピア人の女王カンダケに仕えている宦官です。彼は異邦人でしたが、ユダヤ教に改宗していたようです。ですから、エルサレムの神殿での礼拝に遠くからではありますが、加わることができました。彼は、エルサレム訪問の帰り、馬車で帰国の途についているなか、一生懸命にイザヤ書を音読していました。ところが、そこに書かれていることが何を意味しているのかわかりません。文字が読めないのではありません。何が書いているかはわかっても、書かれていることがだれのことを示しているのか、その人物が彼自身にとってどのような意味があるのか、理解できなかったのです。彼はイザヤ書五三章の一部を読んでいました。

屠り場に引かれて行く羊のように、
毛を刈る者の前で黙っている子羊のように、
彼は口を開かない。
彼は卑しめられ、さばきは行われなかった。
彼の時代のことを、だれが語れるだろう。
彼のいのちは地上から取り去られたのである。（使徒八・三二〜三三）

宦官が聖書を読んでいるそのとき、イエスの弟子のひとりであるピリポが主の使いに導かれて、そのそばを通りかかりました。聖霊は、馬車に近づくようピリポに命じたのです。イザヤ書を読んでいる声が聞こえるではありませんか。そこでピリポは、乗っている人に聞こえるように大きな声で、「あなたは、読んでいることが分かりますか」（使徒八・三〇）と尋ねました。宦官は正直に答えます。「導いてくれる人がいなければ、どうして分かるでしょうか」（三一節）。「聖書は読んでいます。でも、そこに書かれていることの意味は理解できません。」　宦官は自分が感じているストレスを、見ず知らずの旅人に投げかけたのです。ピリポは馬車に招き入れられました。そして、聖書をどう読んだらよいのか、宦官に対して個人教授を始めたのです。

ピリポは口を開き、この聖書の箇所から始めて、イエスの福音を彼に伝えた。（三五節）

ピリポが告げるイエスの福音を通して、宦官は聖書の意味を理解し、イエスがイスラエルの待ち望んでいたメシア（キリスト）だと信じるようになりました。そして、宦官は自ら進んでバプテスマを受けたのです（三六〜三七節）。

ピリポは宦官をどのように導いたのでしょうか。新約聖書に登場する人たちにとっての聖書は、旧約聖書です。宦官はユダヤ教に改宗していましたから、ユダヤ人並みの旧約聖書の知識はもっていたでしょう。それでもイザヤ書のこの箇所が理解できなかったのです。その一方でピリポは、宦官が読んでいたイザヤ書五三章から始めて、イエスの福音を語ることができました。宦官が知らない何かを知っていたからこそ、旧約聖書を読み解くことができ、新約聖書がない時代に旧約聖書からイエスの福音を伝えることができたのです。

B　聖書六十六巻を貫く一つの物語

ピリポは何を知っていたのでしょうか。

聖書から少し離れて、推理小説について考えてみることにしましょう（以下の内容は、デイヴィッド・シュタインメッツ「第二のナラティヴを発見する――探偵小説と歴史的方法の構造」『聖書を読む技法』芳賀力訳、新教出版社、二〇〇七年、一〇三～一二一頁から）。

本格推理小説には、描かれている犯罪を解決するための数々の手がかりや糸口がきっちりと書かれています。ところが多くの読者は、どれだけその小説を熟読しても、犯罪を解決することができません。小説に登場する人々の多くも煙に包まれたままです。本格推理小説の物語の裏で起こっている「全体を貫く、明確な筋」が見えていないからです。

しかし、探偵が登場し、最後には探偵もしくは犯人によって背後で起こっていたことが明らかにされます。本格推理小説の解決編で語られるのは、「全体を貫く、明確な筋」です。読者にとっては不明瞭であった犯罪がどのようにして起こったか、犯行の動機は何であったのか、簡潔にかつ明瞭に示され、「全体を貫く、明確な筋」がポイントを押さえて説明されていくのです。もちろん、その中で犯人がだれであったかが明かされ、何らかの形で小説は大団円を迎えます。

それでは、一度読み終わった推理小説をもう一度読み直すとき、何が起こるでしょうか。どのようにして犯罪が起こったのかをすべて知っている読者は、「全体を貫く、明確な筋」、すなわち犯人の行動や考えを参照しながら物語を読み進めるでしょう。そして、初めて読んだときには気づかなかった、様々な出来事間のつながりに気づき、驚くのです。そして、納得しながら、解決編を再度読み終えるのです。

本格推理小説の最後に明らかになる「全体を貫く、明確な筋」は、そこで語られている物語とは内容的には同じものです。外から無理矢理付け足した筋書きではありません。ただし、小説そのものには、「全体を貫く、明確な筋」と関わってはいるものの、寄り道をしているような出来事も含まれています。寄り道は推理小説に欠くことはできませんが、全体の骨組みではありません。寄り道の部分がなくても小説で起こった出来事を理解することができるからです。むしろ、寄り道が読者の目をくらまします。さらに、「全体を貫く、明確な筋」がわかった読者は、小説を読んでいる途中で勝手に推理していた別の筋書き（事件の流れとその解決に関する推理）を捨てなければなりません。

旧新約聖書は本格推理小説に似ています。もちろんそれは、様々な物語、律法、系図、預言、歌、知恵、手紙、伝記、黙示などなどを含む六十六巻の文書から成るたいへん複雑な文集です。その複雑さのために、「全体を貫く、明確な筋」がなかなか見えません。しかし実際には、旧新約聖書にも、それを読み解くために必要な「全体を貫く、明確な筋」

があります。この筋を踏まえて旧新約聖書を読み進めるならば、複雑と思える箇所もある程度、理解することができるようになるのです。

使徒の働きに登場するピリポは「旧新約聖書全体を貫く、明確な筋」を知っていましたが、宦官はそれを知りませんでした。そのため宦官はイザヤ書五三章が理解できず、ピリポは同じ聖書の箇所をよく理解することができたのです。

ちなみに、エマオへの道を歩いていた二人のイエスの弟子たちも、この「全体を貫く、明確な筋」を理解していませんでした。イエスの個人教授を通して初めて、この筋に気がつき、旧新約聖書全体を理解できるようになったのです（ルカ二四・二五～二七）。ですから、ピリポもだれかから教えられて、この「全体を貫く、明確な筋」に気がついていたのです。

それでは、聖書における「全体を貫く、明確な筋」とはどのようなものでしょうか。

聖書を五分で理解できる絵本が出版されています。『せかいは新しくなる』（文・日本聖書協会、絵・藤本四郎、みんなの聖書・絵本シリーズ三六）です。もちろん、毎日一章読んだとき、通読するのに三年と三か月と三日かかる聖書ですから、その内容の細部に至るまでを五分で理解できるわけではありません。しかし、ピリポを含めた初代教会の使徒たちが知っていた聖書全体を理解する切り口、つまり「全体を貫く、明確な筋」を、この絵本は明確かつ簡潔にまとめているのです。

絵本には六幕の物語が綴られています。

㈠　創造

神は天と地とその中に生きるすべてのものを造り、その最後に人を造った。そして、人にこの世界で増え広がり、地を管理し、他の被造物の世話をするように命じた。実に、良い世界を神は造ったのだ。

㈡　堕落と再創造

ところが人は神の言うことを聞かない。その結果、良い世界は悪くなっていった。神は悪くなった世界を見て、それを洪水で滅ぼすことにした。しかし、神に従って歩んでいたノアとその家族だけは洪水から救い出された。神は彼らに世界で増え広がり、他の被造物を管理する務めを与えた。洪水を通して、世界は再創造されたのだ。

㈢　イスラエル

ノアの子孫は増えて広がっていった。ところが、神との関わりの道を自分の力で切り開こうとして、塔を建てようとした。そこで、神はその野望を打ち砕く一方で、アブラハムとその子孫であるイスラエルを選び、彼らを通して地上のすべての人を祝福しようとした。エジプトの地で増え広がったイスラエルは、一時、ファラオの奴隷とされた。しかし、神は彼らをエジプトから救い出し、世界を治めるために必要な道である律法を彼らに教えた。

さらに、彼らをカナンの地に導いた。ところが、イスラエルはカナンの地において律法に従わず、むしろ偶像を拝み、貧しい者を助けず、正しい人を殺した。その結果、神は王を廃し、神殿を破壊し、イスラエルをバビロンへ追放した。それとともに、やがて正しい王メシア（キリスト）が登場し、イスラエルと世界を正しく治めるとの約束を、預言者を通して与えた。

㈣　イエス

メシアであるイエスがベツレヘムに誕生した。成人したイエスは、病人を癒やし、空腹な者にパンを与え、嵐を鎮め、悪霊を追い出し、目の見えない人の目を開き、神の王国の到来を告げ知らせた。このようにして、イエスの周りに神の良い世界が始まった。しかし、人々はイエスを受け入れず、むしろ捕らえて、十字架につけ、殺してしまった。ところが、三日目に、神はイエスを死人の中から復活させた。イエスは、弟子たちにご自身を示した後、天にのぼり、神の右に座して、王として世界を治め始めた。

㈤　教会

イエスが聖霊を送った後、弟子たちは世界中にイエスこそ世界の王であると伝え始めた。そして、この知らせを通して、神を愛し、互いに愛し合う人々が生み出され、教会が生まれた。そして、世界のすべての民の中に神の良い世界を広げた。

㈥　新しい創造

イエスはもう一度、地上に来て、悪を正しくさばき、世界を正しく治める。新しい天と地が到来し、すべては新しくされる。新しくされた人はこの世界を管理し、正しく世話をするようになる。神の良い世界が完成し、神がそこに人と共に住まうのだ。

この六幕（創造、堕落と再創造、イスラエル、イエス、教会、新しい創造）の物語こそが、「聖書全体を貫く、明確な筋」です。ピリポはこの物語に則って旧約聖書を理解し、宦官に説明したのでしょう。一度この「聖書全体を貫く、明確な筋」に気づいたならば、それまでと同じようには聖書を読むことができなくなるのです。

C　一つの物語の特徴

それでは、物語の六幕は、どのように互いに関わり合っているのでしょうか。詳細は、次の章以降に譲りますが、ここでは聖書六十六巻を貫く一つの物語の特徴を概観しておきましょう。

全被造物の創造から完成へ

聖書が語る神は何よりもまず「人」に興味をもっておられる、と多くの人が考えています。確かに、聖書の物語の主人公は人です。アダムから始まり、アブラハム、ヤコブの一族、イスラエルの民、イエスの弟子たち、異邦人たちなど、多くの人が登場します。けれども、聖書は「はじめに神が天と地を創造された」（創世一・一）から始まり、「また私は、新しい天と新しい地を見た」（黙示録二一・一）で終わります。第一幕の「創造」で始まった物語は、第六幕の「新しい創造」で終わりを迎えるのです。神は人に深い関心を寄せておられますが、それは、全被造物の完成の実現には人が欠かせないからです。つまり、全被造物こそが神の最大の関心であり、全被造物のために人は存在するのです。

人の創造から完全な回復へ

それでも、人が聖書の物語の主要な登場人物です。聖書が語る神は人と関わりながら、全被造物の完成を目指して進んでおられるからです。それはなぜでしょうか。

第一幕の「創造」において、人は神のかたちに創造されました。神は人の使命について「こうして彼らが、海の魚、空の鳥、家畜、地のすべてのもの、地の上を這うすべてのものを支配するようにしよう」（創世一・二六）と語られています。つまり、神のかたちに創造された人には、神が造られたすべての被造物（当然、そこに人も含まれるのですが）を、神に代わって治める使命が与えられているのです。それとともに、神はその使命を果たす力を人に与えてくださった、と考えられます。ですから、神が願っておられる被造物の完成は、神のかたちに創造した人を通してなされるものです。そして、その計画を神は最後までお捨てにならないのです。

ですから、神は、人を除外して全被造物を完成なさることはありません。神の幕屋が人とともに住み、その結果、人が神のわざを忠実に行うことができるように、と世界を第六幕の「新しい創造」へと導いていかれるのです（黙示録二一・三〜四）。すべての被造物も、人が神のかたちとして正しく世界を治めることを待ち焦がれています。「被造物は切実な思いで、神の子どもたちが現れるのを待ち望んでいます」（ローマ八・一九）は、人が使命を全うすることを待っている全被造物のうめきを表現しているのです。

イスラエルにこだわられた創造の神

現代の教会の中で、六幕のうちのいくつかを省略して構成された「聖書の中心メッセージ」がよく語られています。たとえば、人が反乱を起こした（第二幕「堕落と再創造」）、だから人を回復するために神はイエスを送り、救いが成就した（第四幕「イエス」）、あとは再臨を待つだけ（第六幕「新しい創造」）です。この理解だと、「聖書六十六巻を貫く一つの物語」の一部を表現しているにすぎません。旧約聖書の大半を無視しているからです。アブラハムをその父祖とするイスラエルの民は聖書において大きな位置を占めています。全被造物の回復はイスラエル抜きでは行われないのです。旧約聖書（そして、そこに描かれている第三幕「イスラエル」）は、たまたま加えられた寄り道の三十九巻ではなく、新約聖書の光なしにはその内容が理解できない三十九巻でもなく、聖書の物語の欠くことのできない一部です。神は、人に徹底的にこだわっているのと同様に、最後の最後までイスラエルにこだわっておられるのです。

マタイの福音書一章一～一七節のイエスの系図を見れば、イスラエルの重要さがよくわかります。アブラハムと結ばれた契約とダビデと結ばれた契約が守られ、バビロンへと捕囚されたイスラエルの回復が実現して初めて、人の回復が実現するのです。ですから、イスラエルを捕囚から連れ戻すために登場したのがイエスである、と考えることができます。そして、「アブラハムの子、ダビデの子、イエス・キリスト」を通して、アブラハムがイサクをささげたときに神が自らを指して誓われた誓い（創世二二・一五～一八）が守られます。「あなた（すなわちアブラハム）の子孫（すなわちイエス）によって、地のすべての国々は祝福を受けるようになる」（同一八節）からです。

イエスの働きを通して回復へ

第三幕を読み進めればわかることですが、イスラエルはその働きを全うすることができませんでした。むしろ、イエスがイスラエルに代わってその役割を担われました。つまり、聖書の物語は、イエスの誕生、生涯、苦難、死、復活、昇天（第四幕「イエス」）を抜きに、その最終章を迎えることはないのです。

イエスは、イスラエルの使命そのものをひとりで担い、死に至るまで従順に歩み、イスラエルの王として十字架に架けられました。それゆえに、神はイエスの正しいことを、そしてその使命が全うされたことを復活と昇天をもって示されたのです（ピリピ二・六〜一一）。私たち異邦人がアブラハムの祝福の中に入ることができたのは（第五幕「教会」）、イエス・キリストがその使命を忠実に果たされたからです。ですから、聖書の物語のクライマックスは、イエス・キリストの生涯なのです。次のように書かれているとおりです。

それは、アブラハムへの祝福がキリスト・イエスによって異邦人に及び、私たちが信仰によって約束の御霊を受けるようになるためでした。（ガラテヤ三・一四）

今、私たちはどこにいるのか

「聖書六十六巻を貫く一つの物語」は、二十一世紀の日本に生きる私たち異邦人クリスチャンと無関係なものではありません。私たちもこの物語の一登場人物です。第五幕「教会」こそ、私たちが生きている時代だからです。イエスの復活と昇天の後に第五幕は始まり、使徒の働きに記されている使徒の時代へと進みました。聖書には記されてはいない第五幕の後半部分を私たちは生きています。そして、第六幕という最終章を神はやがてもたらされるのです。
物語の第五幕に生きている私たちは、第五幕のあるべき姿を土台にしつつも、第六幕を先取りして生きるように招かれています。第四幕でキリストが始められた新しい創造の現実（第六幕）を先取りしつつ、それでもなお問題が山積みの現在（第五幕）を生きるのです。その具体的な姿が、信仰と希望と愛にあらわされています。

愛は決して絶えることがありません。預言ならすたれます。異言ならやみます。知識ならすたれます。私たちが知るのは一部分、預言するのも一部分であり、完全なものが現れたら、部分的なものはすたれるのです。……こういうわけで、いつまでも残るのは信仰と希望と愛、これら三つです。その中で一番すぐれているのは愛です。（Ｉコリント一三・八〜一〇、一三）

「いつまでも残る」とは、この物語の第六幕においても残ることを意味します（その一方で、預言、異言、知識は、第六幕に必要ありません）。ですから、第六幕を先取りするとは、新しい創造の時代にも残る何か、すなわち信仰と希望と愛を先取りして生きることなのです。では、現代の私たちに第一幕から第四幕までの出来事は無関係なのでしょうか。いいえ、深く関わっています。第五幕は第一幕から第四幕までなしにはありえませんし、その意義を理解することは不可能だからです。ですから、私たちは、最初の四幕（旧約聖書とイエスご自身の働き）に真剣に耳を傾け、そこから導かれた現在（第五幕）を考えつつ、将来（第六幕）を先取りしようとからだを伸ばすのです。

「聖書全体を貫く、明確な筋」という「一つの物語」によって聖書を読むとは、単に聖書の全体像を知的に理解する手段だけではありません。このような形で「みことばによってこの世界を生きる」ことを考えることでもあるのです。自分がどこから来て、どのような世界、どの時代に生きているか、そして、どこへ向かっているのかを知るならば、今、自分が置かれているその世界と時代にふさわしい生き方が何なのか、見えてくるからです。

D　一つの物語から浮かび上がる聖書を読むための三つの手がかり

さて、「聖書六十六巻を貫く一つの物語」をこれから読み解いていきますが、読み解く助けとなる三つの手がかりがあります。最初の二つは簡単に、最後の一つは少し詳しく説明します。

一つの物語の究極的な主人公は神

「聖書六十六巻を貫く一つの物語」の究極的な主人公は、人ではなく、神です。神が天地を造り、人に使命を与え、洪水を送って天地を新たにし、アブラハムを選び、イスラエルを救い出し、ダビデを選び、イエスを遣わし、イエスをよみがえらせ、聖霊を送り、新天新地を完成させるからです。人は、主人公である神に対する助演者であり、ときには主人公である神の働きを妨げようとする問題そのものです。

ローマ人への手紙一章一～四節には、私たちが拠って立つ「福音」が述べられていますが、そこでもこの物語の主人公が神であることが明確にわかります。

キリスト・イエスのしもべ、神の福音のために選び出され、使徒として召されたパウロから。――この福音は、神がご自分の預言者たちを通して、聖書にあらかじめ約束されたもので、御子に関するものです。御子は、肉によればダビデの子孫から生まれ、聖なる霊によれば、死者の中からの復活により、力ある神の子として公に示された方、私たちの主イエス・キリストです。

福音は「神の福音」と呼ばれています。その主人公は神です。事実、神の福音は「神が……約束された」ものです。そして、イエスを死者の中から復活させたのも、神です（同八・一一）。

このようにして、「聖書六十六巻を貫く一つの物語」は、神をその究極的な主人公とする物語です。それだからこそ、聖書を読み、理解するときには、「人が何をしているか」「人が何をなすべきか」ではなく、「神がいったいここで何をしておられるのか、何の目的でそのように行動しておられるのか」に焦点を当てる必要があります。

世界を舞台とし、世界のための物語

「聖書六十六巻を貫く一つの物語」の舞台は世界、すなわち全被造物です。そして、世界が新しくされることがこの物語のゴールです。天地の創造から始まり、新しい天と新しい地の創造へと導かれるからです。もちろん、神のわざは「わたし」個人のために行われたものでもあり、イエスの十字架は「わたし」個人のためのものではありません。しかし、それは、世界のすべての民に神の祝福が広がるために「わたし」個人になされたわざであることを忘れてはならないでしょう。そして、神は、人がこの世界の良き管理人となり、その結果、すべての造られたものが完成するために、そのわざをなさったのです。

聖書の物語の舞台は、パレスチナの地にとどまらず、メソポタミア、エジプト、地中海沿岸と世界中に広がっていることがわかります。ヨハネの黙示録にいたっては、世界中の人々が登場します（七・九～一〇）。ですから、「聖書六十六巻を貫く一つの物語」は、全被造物、あらゆる国民、すなわち世界を舞台にした物語です。

神の領域と人の領域が組み合わされ、結び合わされている

聖書には、神を主人公とした物語が世界を舞台として繰り広げられています。それでは、神はどのようにしてこの世界で働いておられるのでしょうか。生ける神は被造物の間でどのようにしてそのわざをしておられるのでしょうか。直接的に介入されるのでしょうか。それとも、全く介入しておられないのでしょうか。別の言い方をすれば、神の領域である天と人の領域である地（もしくは世界）は、どのように結びつけられているのでしょうか。天と地という二つの領域が区別されていることは、伝道者の書が明確に記しています。

神の前では、軽々しく
心焦ってことばを出すな。
神は天におられ、あなたは地にいるからだ。（伝道者五・二）

「天」とは神の領域であり、「地」とは人の領域であることがわかります。この二つの領域は区別されています。しかし、「天」におられる神の前に、「地」にいる人は立つことができます。そして、「地」にいる人の声を、「天」にいる神は聞いておられます。つまり、天と地は区別されるべきですが、天にいる神は地に深く関わっておられるのです。

天にいる神は、どのようなかたちで地に関わり続けておられるのでしょうか。ヨブ記の

始まりの部分（ヨブ一〜二章）に、神と人の関わりが描かれています。ヨブやその家族、また友人たちが全く知らないところで、神の子らの会議が行われています。そこで**主**がサタンと意見を交わしておられます（一・六〜一二）。これは、天、つまり神の領域で行われた会議です。そこでの話題はヨブについてでした。神は次のようにサタンに語っておられます。

主はサタンに言われた。「では、彼の財産をすべておまえの手に任せる。ただし、彼自身には手を伸ばしてはならない。」（一二節）

主は、ヨブの持ち物すべてをサタンの手に委ねると宣言されました。そして一章一三〜一九節で、ヨブが所有していたすべてのもの、つまり、「彼に七人の息子と三人の娘が生まれた。彼は羊七千匹、らくだ三千頭、牛五百くびき、雌ろば五百頭、それに非常に多くのしもべを所有していた」（二〜三節）と記されているものがみな奪われていきます。ヨブはこのことの報告を受けます（牛と雌ロバ〔一四〜一五節〕、羊としもべ〔一六節〕、らくだとしもべ〔一七節〕、息子と娘〔一八〜一九節〕）。天における会議の決定が、地において実行されているのです。つまり、天は地とは無関係ではありません。天は地を治めているコントロールルームのような場所です。天において神が決定したことが、地で実施されていきます。

天から地へのアプローチは比較的容易です。しかし、地、すなわち人から天、神へのアプローチはそれほど簡単なものではありません。ヨブ記においては、天における会議の情報が地にいる人々にはいっさい明らかにされていません。ところが、天にいる主は、地における情報のすべてをご存じのようで、三八章一節以下の主のスピーチでは、ヨブの語りがあちらこちらで参照されています。その一方で、ヨブは、主が嵐の中から現れるまで、神に自分の意見が届くように仲介者を求めています（一六・一八〜二一、一九・二三〜二七など）。地にいるヨブが天におられる神に届くことが困難であるからです。

このようにして、伝道者の書五章二節の現実は、ヨブ記において具体的にあらわされています。神は天にいて、人の現実を知り、人に対して行動されます。その一方で、地にいる人の上に神が決定したことが行われますが、神が何を考え、何を決めたかは、多くの場合、人には隠されているのです。

この現実を類型的に考えてみましょう。

N・T・ライトは、神と被造物の関わりを三つの類型に分けています（『クリスチャンであるとは――N・T・ライトによるキリスト教入門』八八〜九七頁）。まず、地にあるあらゆるものが神である、という理解です。日本人の多くがもっている汎神論的なとらえ方です。しかし、ヨブ記から明らかなように、神と被造物の間には境界線があります。被造物である人は、天におられる神のことを全部理解することはできません。

次に、神と被造物が完全に分離している、という考え方があります。エピキュロス派、特に詩人であるルクレティウスによって広げられた考え方です。しかし、ヨブ記から明らかなように、神は被造物である人の上に起こっていることをすべてご存じであると同時に、地上における出来事を決定し、実施されます。すべての出来事に神が直接的に関わっていると言い切ることはできませんが、神と無関係に起こる出来事は何一つ存在しません。神は聖書の物語の主人公として、大胆に被造物の領域である地で活躍をしておられます。

このようにして、聖書は、神と被造物が、人の理解を超えた神秘的な形で重なり合い、組み合わさっていると理解しています。完全に重なっているわけではなく、完全に分離しているわけでもありません。神は天から去ることはありませんが、被造物がいる地に臨在しておられます。

聖書に見られる神と被造物の関わりの典型的なものは、旧約聖書に登場する神殿です。神殿がどのようなものであるのかを理解できるならば、神が被造物とどのように関わるのかが明確になります。

神殿を理解するために、イザヤ書六章を見てみましょう。

ウジヤ王が死んだ年に、私は、高く上げられた御座に着いておられる主を見た。その裾は神殿に満ち、セラフィムがその上の方に立っていた。彼らにはそれぞれ六つの翼があり、二つで顔をおおい、二つで両足をおおい、二つで飛んでいて、互いにこう呼び交わしていた。

「聖なる、聖なる、聖なる、万軍の主。

その栄光は全地に満ちる。」

その叫ぶ者の声のために敷居の基は揺らぎ、宮は煙で満たされた。私は言った。

「ああ、私は滅んでしまう。

この私は唇の汚れた者で、
唇の汚れた民の間に住んでいる。

しかも、万軍の主である王を
この目で見たのだから。」（一〜五節）

イザヤは神殿にいました（「神殿」（一節）、「宮」（四節））。神殿は、地に存在する人が造った建造物です。ところが、この神殿でイザヤは主の王座、そこに座している主、そして主の裾を見（一節）、セラフィムが飛び、声を交わしているのを見（二〜三節）、セラフィムの声を聞いています（三節）。さらに、「万軍の主である王」を自分の目で見たとも語っています（五節）。つまり、イザヤは地にある神殿、それも人の手によって造られた建造物において、神を見ており、神がおられる天で称えられる賛美を聞いているのです。

もちろん、「イザヤが見た幻である。幻の中の現実であって、目が醒めたときには幻は消え去っている」と考えることも可能でしょう。しかし、イザヤ書はこれが「幻」であると書いていません。むしろ、神殿においては、神は地におられ、人は天を見ることができると綴っているのです。天と地は神殿において重なり合っています。イザヤが、地にある神殿において、天におられる主を見、その主に仕えるセラフィムの声を聞いているからです。このように、神殿は、神のおられる領域である天が地と出会い、天と地の間を行き来できる場所です。天と地が結びつけられている特異な空間なのです。

続いて、天にいるセラフィムのひとりが燃えさかる炭を地にあるイザヤの口に触れさせます。そして、イザヤの咎が取り除かれ、その罪が赦された、と宣言します（六～七節）。次の瞬間、神殿にいるイザヤは、天の王座にいる主の声を聞きます。そして、その声に自ら応答するのです。


私は主が言われる声を聞いた。「だれを、わたしは遣わそう。だれが、われわれのために行くだろうか。」　私は言った。「ここに私がおります。私を遣わしてください。」

（八節）

「われわれ」という表現から、イザヤは今、天にある神の議会の王座におり、神の議会を導く主の声を聞いていると考えることができます。地上の人が聞くことなどできないはずの、神の会議の主催者、世界の王である神の声を、地上の神殿においてイザヤは聞いています。その声にイザヤは応えます。そして、イザヤの声は、天にいる主の耳に届き、主とイザヤの対話が六章九～一三節以下で行われるのです。

このように見ると、地上において人が造り上げた建造物である神殿において、天が人の領域に浸透し、神が被造物である人と関わっていることがわかります。神殿に行けば、地上にいても、人は確実に神に出会い、神に語りかけることができます。また、神の命令も神殿において天から地へと伝えられるのです。聖書の神は神殿において「会いに行くことができる神」なのです。

なぜ神殿はこのような特別の場所なのでしょうか。その理由のひとつは、「主の栄光」と呼ばれる主の臨在が神殿に特別に満ちているからです。ソロモンが神殿を完成したとき、以下のように書かれています。

祭司たちが聖所から出て来たとき、雲が主の宮に満ちた。祭司たちは、その雲のために、立って仕えることができなかった。主の栄光が主の宮に満ちたからである。（I列王八・一〇～一一）

「主の栄光」が神殿にあるので、地にいる人が神殿に向かって祈る声が天にいる神に届くのです。ですから、ソロモンは、神殿奉献の際に、次のように祈っています。

「あなたのしもべの祈りと願いに御顔を向けてください。私の神、主よ。あなたのしもべが、今日、御前にささげる叫びと祈りを聞いてください。そして、この宮、すなわち『わたしの名をそこに置く』とあなたが言われたこの場所に、夜も昼も御目を開き、あなたのしもべがこの場所に向かってささげる祈りを聞いてください。」（I列王八・二八〜二九）

「主の名」が神殿に置かれていると記されています。神殿に「主の名」が置かれているからこそ、人々の祈りはそこを経由して天におられる神へと伝えられるのです。

神殿が天の神へ祈りを届ける窓口であるという理解は、バビロンによってエルサレムの神殿が破壊されていた期間でも存続しています。たとえば、ダニエルは、ペルシアにいるときでさえエルサレムの方角に開いている窓に向かって祈りをささげていました（ダニエル六・一〇）。神殿という建造物がなくなったとしても、エルサレムこそが神の臨在の場所であるとダニエルは理解していたのです。だから彼は、ソロモンの祈りにしたがって、エルサレムの神殿に向かって祈っていたのです。

神殿の奉献の記事では、「主の栄光」が神殿に満ちたことが描かれていましたが、このことはソロモンの時代に初めて起こったことではありません。出エジプトの後、シナイ山のふもとに建造された会見の幕屋に「主の栄光」が満ちました。

そのとき、雲が会見の天幕をおおい、主の栄光が幕屋に満ちた。モーセは会見の天幕に入ることができなかった。雲がその上にとどまり、主の栄光が幕屋に満ちていたからである。（出エジプト四〇・三四〜三五）

この栄光が幕屋から神殿へと移ったと考えることができます。

ただし、「主の栄光」が満ちたからといって、神殿は、永遠に神が人の祈りを聞く場所であり続けたわけではありません。エゼキエル書を読むと、「主の栄光」が神殿から離れて、東へ、捕囚の民のところへ移ることが記されています（エゼキエル八〜一一章）。

するとケルビムは翼を広げ、輪もその横についた。イスラエルの神の栄光がその上の方にあった。主の栄光はその都の中心から上って、都の東にある山の上にとどまった。（一一・二二〜二三）

主の栄光が神殿から東のほうに去ったあと、神殿はただの建造物となってしまいました。もはや、神が被造物と関わる特別な場所ではありません。ですから、このあとにバビロン軍による破壊が訪れるのです。

ところが、エゼキエルが描く回復の幻において（四〇〜四八章）、今度は、**主**の栄光が東から約束の地へ、それもその中心にある神殿へと帰って来る様が描かれています。

彼は私を東向きの門に連れて行った。すると見よ、イスラエルの神の栄光が東の方から現れた。その音は大水のとどろきのようで、地はその栄光で輝いた。私が見た幻は、かつて主がこの町を滅ぼすために来たときに私が見た幻のようであり、またその幻は、かつて私がケバル川のほとりで見た幻のようでもあった。私はひれ伏した。**主**の栄光が東向きの門を通って神殿に入って来た。霊が私を引き上げ、私を内庭に連れて行った。なんと、**主**の栄光が神殿に満ちていた。（四三・一〜五）

主の栄光の帰還によって、神殿はもう一度、神が被造物と関わる特別な場所になりました。ダニエル書では、主の栄光の有無にかかわらずエルサレムの地が神の臨在の場所と理解されていましたが、エゼキエル書では**主**の栄光があって初めて、そこは神の臨在の場所となるのです。
神が特別に選ばれた神殿であったとしても、その場所を自らの臨在の場所としなくすることも可能です。ですから、神の領域と被造物の領域は、神の意志に基づいて、不思議な形で、地上において重なり合い、組み合わされているのです。

それでは、神が地上の被造物と関わりをもつ場所として用いられたのは、神殿や幕屋だけだったのでしょうか。そうではありません。むしろ、物語の主人公である神は、世界と被造物のために世界で働くとともに、ご自身の働きの媒介として様々なものを用いておられます。聖書六十六巻を貫く一つの物語全体に流れている神の意図を理解するためには、神が何を媒介としておられるのか、注目しつつ読み進めていくことが大切なのです。

〈まとめ〉
一　「聖書六十六巻を貫く一つの物語」は、創造、堕落と再創造、イスラエル、イエス、教会、新しい創造という六幕によって構成されている。この物語を理解したうえで聖書六十六巻を読み進めていくとき、その内容が容易に理解できるようになる。
二　「聖書六十六巻を貫く一つの物語」の主人公は神であり、この神が全被造物のために、この世界で行動される。

三　神の領域である天と人の領域である地は明らかに分離しているが、神殿とそこにとどまる神の栄光のような形で、天と地は不思議に重なり合い、組み合わされている。神は、神殿やそれと似たものを用いて、この世界でそのわざをお進めになる。

Ⅱ　創造――神のかたちとしての任命〈創世記一～二章〉

まず、聖書全体の冒頭に置かれている創世記一～二章に注目して、「創造」について考えてみましょう。第一幕において、神が地での働きのためにお用いになるのは「神のことば」であり、「神のかたちに創造された人」です。

Ａ　秩序ある良い世界の創造

「はじめに神が天と地を創造された」（創世一・一）というシンプルでありつつも、深遠なひとことをもって聖書は始まります。この節は、創世記一章の天と地の創造の記事全体の表題と考えることができます。そして、続く一章二節、「地は茫漠として何もなく、闇が大水の面の上にあり、神の霊がその水の面を動いていた」は、神が一章三節以降でなさる創造のわざが行われる以前の世界の状況を表現しています。

それでは、神はどのように天と地とそこに満ちるものを創造されたのでしょうか。創世記一章三節以降、七日間にわたる創造のプロセスは、秩序正しく記されています。まず、前半の三日間では、光と闇が区別され（一・三〜五〔第一日〕）、大空の上にある水とその下にある水が区別され（一・六〜八〔第二日〕）、地と海が区別されます（一・九〜一三〔第三日〕）。世界に秩序を整えた後、自らの被造物である地と協力して、神は青草を生み出し、空っぽの世界にいのちを満たし始められます。

神は仰せられた。「地は植物を、種のできる草や、種の入った実を結ぶ果樹を、種類ごとに地の上に芽生えさせよ。」すると、そのようになった。地は植物を、すなわち、種のできる草を種類ごとに、また種の入った実を結ぶ木を種類ごとに生じさせた。神はそれを良しと見られた。（一一〜一二節）

天と地の創造は神のわざですが、被造物である地が植物の創造のわざに深く関わっています。

続く後半の三日間では、第三日の後半に続いて、空っぽの世界にいのちが満たされます。まず、空っぽの天に天体を満たすために、昼と夜、闇と光を区別する二つの大きな光る物、続いて星々を神は天にお造りになります（一四〜一九節〔第四日〕）。しかし、これらの光る物は、世界を満たすためにだけに存在するのではありません。

神は二つの大きな光る物を造られた。大きいほうの光る物には昼を治めさせ、小さいほうの光る物には夜を治めさせた。また星も造られた。（一六節）

このようにして、昼と夜それぞれを治める任務がこの二つの大きな光る物に与えられています。これらの光る物は、世界を統治するために造られた存在です。

続いて、水の中の生き物と空を飛ぶ鳥を「生き物」、つまり、いのちある存在として造られ、それらのいのちが世界にあふれるように祝福を与えられました（二〇～二三節〔第五日〕）。

主が世界にいのちを満たす働きの最後、六日目は、まず地との協力で、地の上の生き物を創造しておられます。

神は仰せられた。「地は生き物を種類ごとに、家畜や、這うもの、地の獣を種類ごとに生じよ。」 すると、そのようになった。神は、地の獣を種類ごとに、家畜を種類ごとに、地面を這うすべてのものを種類ごとに造られた。神はそれを良しと見られた。

（二四～二五節）

興味深いことに、神は地に生き物を生じるように命令しておられるのに（「地は……生じよ」）、それを造られたのは神ご自身なのです（「神は……造られた」）。そして、人を神のかたちに、それも男と女に造られました。そして、あらゆるいのちが世界にあふれるように、さらに人が世界に秩序を与える働きを継続して行えるように、神は祝福されます（二四～三一節〔第六日〕）。

　神は彼らを祝福された。神は彼らに仰せられた。「生めよ。増えよ。地に満ちよ。地を従えよ。海の魚、空の鳥、地の上を這うすべての生き物を支配せよ。」（二八節）

　一般的に、天地創造のクライマックスは人間の創造がなされた第六日であると考えられがちです。しかし、創世記は、第七日、すなわち神が仕事をやめ、休まれた日を天地創造の最高潮としています。第七日が祝福された日、聖別された日、神の特別の日となったからです（二・一～三〔第七日〕）。

　創世記一章一節～二章三節で注目すべきことをいくつか見ておきましょう。

　まず、神はことばを語ることによって天地を造られました（「神は仰せられた」〔一・三、六、九、一一、一四、二〇、二四、二六〕）。そして、造られたもののすべては、創造者である神の意志に従順です。光は神のことばのとおりに登場し、地も海も、神のことばのとおりに草木や生き物を生み出しています。ですから、この世界は、神のみこころにかなった美しさと秩序を帯びています。「神は良しと見られた」（一・四、一〇、一二、一八、二一、二五、三一）とあるとおりです。

神のことばに従ってすべてが従順に動くことから、天地創造の神の姿は、多くの軍隊を率いる王に比べることができるでしょう。このことは、詩篇にも記されています。

主のことばによって　天は造られた。
天の万象もすべて　御口の息吹によって。……
主が仰せられると　そのようになり
主が命じられると　それは立つ。（三三・六、九）

神は天と地の万象という軍隊の司令官であり、すべての造られたものの王です。とはいえ、神は独裁者ではありません。慈悲深い王として、被造物である海や地と協力して、世界を被造物で満たそうとしておられるからです（創世一・一一〜一二、二四〜二五）。また、王である神の語られたことばは働いて、神のわざを実現します。語られたことは必ず成し遂げられるからです（イザヤ五五・一〇〜一一参照）。ですから、天と地はその王である神のことばが神のわざを実現する舞台にたとえられるでしょう。しかし、この王である神は、被造物と共に働くことを心から願い、それを喜んでおられる方です。被造物を巻き込み、共に働いて世界を満たしていかれるのです。

さて、神はなぜ天と地を造られたのでしょうか。そこには様々な目的がありますが、一章一節～二章三節が示唆しているのは、天と地とその中に満ちるすべてのものに祝福が満ちあふれることです。ですから、神は、水に群がる生き物、空の鳥、地の生き物、さらには人を祝福し、それらが天と地に満ちあふれるように命じておられるのです（一・二二、二八）。前半の三日間になされた分離と区別のわざを欠いては、この世界は秩序正しく、美しく創造されることはなかったでしょう。しかし、分離と区別のわざはあくまでも後半の三日間になされたいのちの充満への備えです。ただし、世界を満たすとき、神は直接的に携わってそのわざを完遂しようとはなさいません。海の生き物と空の鳥（一・二二）、人（一・二八、間接的には、地の生き物も含まれている）に、世界を満たすわざを委ねておられます。ですから、神は、王としてこの世界にご自身のことばをもって介入しておられますが、その介入は、「世界をいのちで満たす」という被造物の使命が果たされるためなのです。神は、世界に祝福を満たすというご自身の目的を完遂するために、被造物を用いられるのです。

天地の創造は七日間という枠組みの中で行われています。そして、第一日から第三日、第四日から第六日という「三日間」が二組、合わされて「天と地とその万象が完成した」（創世二・一）のです。興味深いことに、第一日と第四日が天の領域、第二日と第五日が水と海の領域、第三日と第六日が地の領域、それぞれにおける分離（前半）と充満（後半）が記述されています。一週間の前半と後半が見事に対になっているのです。それでもなお、神が天地創造のわざを完成したのはあくまでも第七日です（二・二）。そして、神がすべてのわざをやめられたからこそ、第七日は聖別された日、神が特別に選んだ日なのです。創造者に属する特別な日だからこそ、被造物である天も海もあらゆる被造物も、第七日を特別な区切りの時として覚えるべきなのでしょう（ただし、このことは一・一〜二・三で、いっさい綴られてはいません）。神は世界に、六日働き、七日目に仕事をやめる、という特別なリズムを仕込まれました。

後に出エジプト記において、第七日をどのようにして過ごすのかが安息日規定として記されています（出エジプト二〇・八〜一一）。創世記一章一節〜二章三節を受けて、出エジプト記では、神が世界に仕込まれた特別なリズムを覚える人はいかに生きるべきかが考察されているのです。人は、神が七日目に仕事をやめられたように、週に一度、仕事をやめるべきなのです。

B　神のかたちとして創造され、神の造られたすべての被造物を統治する使命が与えられた人

人の創造が描かれている創世記一章二六～二八節は、そこまでの創造の記事と何か違っています。特別なことが行われているように読めます。たとえば、神が「光、あれ」（一・三）と命じれば、光が登場し、海や水や地に命令すれば、命ある被造物は動き出していました。ところが、人を創造する際、神は被造物に命じるのではなく、「われわれは」と語っておられます。

さあ、（われわれは）人をわれわれのかたちとして、われわれの似姿に造ろう。こうして彼らが、海の魚、空の鳥、家畜、地のすべてのもの、地の上を這うすべてのものを支配するようにしよう。（一・二六）

神は自らを含めた「われわれ」で人を創造しようと語っておられるのです。これまでも神は被造物と協力して天と地を整えてこられました。そこでは、共に働く存在を名指して（たとえば、「地」や「海」）、それに働きを委ねておられました。しかし、人を創造するときには、まず「われわれは」と語ることによって神自らが行動すると述べておられるのです。

さらに、神はおひとりであるはずなのに、「わたし」ではなく、「われわれ」と語っておられます。神以外の存在が人間の創造に加わるのです。「われわれ」に含まれる神以外の存在はだれか、と聖書の解釈の歴史の中でいろいろな解釈が提案されています。「三位一体を表す」、「神の力の大きさを表す」、「神の知恵や神のことばが神の協力者である」、「神とその議会（ヨブ一～二章など）を表している」など、いろいろな意見があります。これだ、という絶対的な解釈はありません。ただ、人の創造が他の創造とは違った特別なわざであったことだけは、この神の語りから明確に理解することができます。

なぜ人の創造が神にとっての特別なわざなのでしょうか。それは、人だけが、他の被造物とは異なり、神の「かたち」に、神の「似姿」に創造されたからです（一・二六）。

では、人が「神のかたち」「神の似姿」に創造された、とはどういう意味なのでしょうか。創世記のテキストを見ると、「こうして彼らが、海の魚、空の鳥、家畜、地のすべてのもの、地の上を這うすべてのものを支配するようにしよう」（同節）とあります。ここから考えて、「神のかたち」とは、神の代理として神の造られた世界を治める使命とそれを可能とする力を指していると考えられます。

すでに述べたように、神は天において、目には見えない方として世界を統べ治めておられます。一方で、人は、神と対になる存在として地に置かれているのです。つまり、人は地において、目に見えるかたちをもって、神の代理として世界を、神からの特別な恵みによって統べ治める使命が与えられたと考えることができます。人は、神に造られた者、すなわち被造物として世界の他の生き物と同じ特徴をもち、他の生き物と同じ食にあずかりつつ（二九～三〇節）、神が地で行おうとしておられるわざを遂行する能力をも与えられているのです。神とは一線を画した被造物です。しかし、地上において神の特別なわざをするという点において、他の被造物とも一線を画しています。

地上を治めるために置かれた人間は、昼と夜とを治める使命が与えられた大きな光る物と小さな光る物と似ています（一六節）。神は時を治めておられます。しかし、天の大空に置かれたこの二つの光も地の上を照らすことによって、時を治めていると考えることができます。神は、この二つの光をご自身の代理として地の時を治めさせる一方で、地のあらゆる生き物をご自身のかたちに造った人によって治めようと意図しておられるのです。

さらに、人の姿が第一章で述べた「神殿」とよく似ていることに気がつくでしょう。人は被造物であり、地に属します。しかし、神が与えられた神のかたちのゆえに、天、すなわち神が人に深く関わっているのです。神の代理として神の世界を統治するからです。人は天と地とが出合う場所であると考えることができます。地にありつつも、神のわざを遂行する能力を有し、その使命が与えられているからです。神は人を通して地に働き、人がいるところに神自らの統治を明らかにされるのです。

人のこの特性については詩篇八篇にも語られています。

あなたは　人を御使いより

わずかに欠けがあるものとし
これに栄光と誉れの冠を
かぶらせてくださいました。
あなたの御手のわざを人に治めさせ
万物を彼の足の下に置かれました。
羊も牛もすべて　また野の獣も
空の鳥　海の魚　海路を通うものも。（五～八節）

人に与えられた「栄光と誉れの冠」（五節）が地の被造物を神の代理として治める使命を示唆しています。そして、御使いに近い存在であることは、人が他の被造物とは異なる点を表しています。

もちろん神は天にいて、そして目には見えない方としてご自身が造った世界を初めから今に至るまで治めておられます。何かの助けを借りなくても、天にいる神は世界を治めることがおできになります。しかし、創世記一章が語っているのは、神があえて人と共に働くことを選ばれたことです。「わたし」として人を創造できるはずの方が「われわれ」としてそのわざをなされたこと（創世一・二六）と、人と協力して地を治めることを選ばれたことの間には何らかの関連があるのではないでしょうか。

人には神のかたちという使命が与えられていましたが、それとともに使命を果たす力も与えられています。この力の授与は、象徴的ではありますが、次のような形で表現されています。

神である主は、その大地のちりで人を形造り、その鼻にいのちの息を吹き込まれた。それで人は生きるものとなった。（二・七）

「いのちの息」は神由来です。神の「息」は、神の「霊」（創世一・二）と同じでしょう（イザヤ四二・五、五七・一六、ヨブ四・九、二七・三、三二・八、三三・四、三四・一四参照）。天地創造の始めに神が水の面に送られ、その創造の働きに用いられた神の「霊」が人のうちに吹き込まれているのです。地において神のわざをするために、これほど適切な力はないでしょう（なお、新約聖書においてパウロはこの考え方に立って、神の御霊によって新しく造られた人を表現しています〔ローマ八・一一〕）。そして、神の霊のあるところに、神はおられます。地上であっても神の霊がおられるところに神の臨在があるのです。

なお、神が「われわれ」として人を造られたように、地を治める使命も人がひとりきりで全うできるものではありません。ですから、神は人を「男と女」（一・二七）に造り、共に助け合って、補い合って、共同体としてその使命を果たすように命じておられます。

神が被造物と協力して世界を創造されたのと同じように、人は男女で協力して初めて、世界を治める使命を全うすることができるのです。ですから、他者との協力は天と地の創造に組み込まれています。

C　耕し、守り、名前をつけることによって神のかたちとしての使命を果たしていく人

創世記二章は一章を別の観点から語り直しています。そこに神のかたちに造られた人がその使命を果たしていく姿を見ることができます。神のわざが人を通して遂行されていくのです。

地には最初、植物はいっさい存在していませんでした（創世二・四〜五）。「神である主が、地の上に雨を降らせていなかったから」であり、「大地を耕す人もまだいなかった」からです（五節）。

しかし、雨と農夫という欠落を主が補塡されます。まず、水を地から湧き上がらせて、雨の欠落を補います（二・六）。続いて、人を大地のちりから形造り、いのちの息によってこれを生きるものとしました。そして、この人に、働くべき仕事をその使命として与えられたのです。

神である主は人を連れて来て、エデンの園に置き、そこを耕させ、また守らせた。（二・一五）

主が造られた園に置かれた人は、その大地を耕し、それを守る使命が与えられました。このようにして、人はまず、農夫としてエデンの園という世界を治め始めました。園が豊かに実を実らせるためです。

二つめに人が行ったのは、名前をつけることです。一章における神のわざと比較すると興味深いことが浮かび上がってきます。一章において神は光と闇を名づけ、陸や海と名づけました。

神は光を昼と名づけ、闇を夜と名づけられた。（一・五）
神は乾いた所を地と名づけ、水の集まった所を海と名づけられた。（一・一〇）

名づけることは神特有のわざでした。二章に進むと、神はご自身が形造ったすべての獣と野の生き物と空の鳥を人のところに連れて来られます。これらの被造物に名をつけさせるためです。

神である主は、その土地の土で、あらゆる野の獣とあらゆる空の鳥を形造って、人のところに連れて来られた。人がそれを何と呼ぶかをご覧になるためであった。人がそれを呼ぶと、何であれ、それがその生き物の名となった。人はすべての家畜、空の鳥、すべての野の獣に名をつけた。（二・一九～二〇）

地の生き物と空の鳥を名づける権威は神から人に委譲されています。ですから、人がつけた名前が「その生き物の名」（一九節）となったのです。

人が名をつけたのは、獣や鳥にとどまりません。人と共に働く、欠くことのできない助け手を神が備えてくださったとき、彼はその存在を「女」と名づけました。

神である主は、人から取ったあばら骨を一人の女に造り上げ、人のところに連れて来られた。人は言った。

「これこそ、ついに私の骨からの骨、
私の肉からの肉。
これを女と名づけよう。
男から取られたのだから。」（二・二二～二三）

神が行ってこられたわざである「名づける」ことを、地上の獣、空の鳥、パートナーの女性に対して行うことを通して、人は神のかたちとしての使命をここでも果たし始めていることがわかります。当然、これらの力も機会も神が備えてくださったものです。しかし、それぞれの被造物が名をもつようになったのは、人が神のかたちのわざを地上においてなしたからです。

なお、人が自分を「男」と名づけたというエピソードは描かれていません。ただし、二章のこの出来事を通して、人は自分を「男」と名づけ、ふさわしい助け手を「女」と名づけたと考えることも可能だ、という提案もあります。男性中心社会の中で書かれた聖書ではありますが、たとえ名づけたのが「男」であったとしても、「女」の存在なしに「男」は存在しないことがここで示唆されている点は注目に値するのかもしれません。

このようにして、神は、まだ始まったばかりの地においてご自身のかたちに創造した人を置き、神のかたちとして地を治める使命とそれを遂行する能力を与えられました。人は、その能力を用いて、エデンの園で地上の獣、空の鳥、パートナーの女性に名をつけることを通して天の神のわざを地において行いました。こうして、人は、天の神の支配を地で現していったのです。

人が神のかたちとしての使命を、このあと忠実に遂行し続けていったとしたら、地での神の支配はその完成へと進んだはずです。ところが、物事はそのようには動きません。

〈まとめ〉

一　神は、ご自身の語ることばによって、世界を秩序ある、良いものとして創造された。そのわざは、独裁的なものではなく、地や海との協力の中でなされた。

二　人は、神の代理として地を治める使命とそれに必要な能力が与えられて、創造された。それゆえに、「神のかたち」と呼ばれ、天と地が重なり合う存在として地上に置かれており、エデンの園においてその使命を果たしつつあった。神は神のかたちに造られた人を通して、ご自身のわざを地においてなそうとされた。

Ⅲ　堕落から再創造――歪んだ神のかたちと世界の再出発

〈創世記三～一〇章〉

「聖書六十六巻を貫く一つの物語」は創造という第一幕の後、大きく動きます。第二幕は創世記三～一〇章に綴られています。

神は、神のかたちに造られた人を通して地を治めるという計画をお立てになりました。その一方で、人がこの使命を受け入れず、むしろ与えられた力を誤用したために、様々な問題が発生していきます。それでもなお、神は、人が神のかたちとして歩むことができ、彼らがその使命を果たすことができるように様々な手段を講じます。これらの章において神がなされたわざの中でも特に大切なのは、ノアと結んだ契約です。

A　与えられた能力の濫用による人の反乱

創世記二章は、園での生活のすばらしさを浮き彫りにしています。

まず、先にも述べたように、人には仕事が与えられていました。

神である主は人を連れて来て、エデンの園に置き、そこを耕させ、また守らせた。(一五節)

園を耕し、それを管理する農夫の仕事です。さらに、水が地面から豊かに湧き上がっていましたから(二・六)、水の心配はありません。自分たちの食物を欠くこともありませんでした。

神である主は、その土地に、見るからに好ましく、食べるのに良いすべての木を、そして、園の中央にいのちの木を、また善悪の知識の木を生えさせた。(九節)

木々の姿は見るには好ましく、その実は食に適していました。ですから、園にいるかぎり食べることに苦労することはありません。苦しみつつ汗をかき、一日中仕事をして、やっと食事にありつける、ということはなかったのです。

最初の夫婦から子どもたちが生まれ、彼らが増え、園から地全体に広がり、それぞれのところで園のような調和に満ちた生活を送っていたとしたら、どうであったでしょうか。

ひょっとしたら、地上のすべてが園のような、食物を欠くことのない地となっていたのかもしれません。

ところが、古代のイスラエルの民が住んでいた世界はそのようにはなっていませんでした。パレスチナの山地を考えてみましょう。地中海性気候のために雨季と乾季が明確に分かれています。そのために乾季にあたる春から秋にかけて雨が降ることはありません。その期間はずっと水の心配をしなければなりません。夏の終わりに実を実らせるぶどうやオリーブのために、夏の間は特に注意深く管理する必要があります。その一方で、雨季にはそこここで茨やあざみが生えるために、小麦や大麦の生長が邪魔されます。ですから、一年中、額に汗をかいて男たちは畑の管理をし、そしてやっと生きていくことができるのです。残念ながら、世界は創世記二章が描いている園のようではありません。

なぜ世界は変わってしまったのでしょうか。なぜ人は日々労苦して食を得なければならなくなったのでしょうか。これらの問いに対して、創世記三章は、土地がのろわれてしまったからなのだ、と答えるのです。

また、人に言われた。
「あなたが妻の声に聞き従い、
食べてはならないと

わたしが命じておいた木から食べたので、
大地は、あなたのゆえにのろわれる。
あなたは一生の間、
苦しんでそこから食を得ることになる。
大地は、あなたに対して茨とあざみを生えさせ、
あなたは野の草を食べる。
あなたは、顔に汗を流して糧を得、
ついにはその大地に帰る。
あなたはそこから取られたのだから。
あなたは土のちりだから、
土のちりに帰るのだ。」（三・一七～一九、傍点筆者）

最初の人に対して語られたことばにおいて、「あなたのゆえに」とあります。大地がのろわれたのは、人が原因なのです（一七節）。

人はいったい何をしたのでしょうか。

神のかたちに造られた人に対して、神は一つの、食べ物に関する禁止事項を与えられました。

神である主は人に命じられた。「あなたは園のどの木からでも思いのまま食べてよい。しかし、善悪の知識の木からは、食べてはならない。その木から食べるとき、あなたは必ず死ぬ。」（二・一六〜一七）

「ほかの木からなら、何を食べてもいいが、善悪の知識の木から取って食べることは禁じる」という規定が与えられたのです。「あなたは必ず死ぬ」と警告までされています。それでもなお、人は神のこの声には従いませんでした。「あなたが妻の声に聞き従い、食べてはならないとわたしが命じておいた木から食べた」（三・一七）とあるように、人は神以外の声に従ったのです。神の禁止条項も警告も知ったうえで、人はそれを意志的に破ったのです。

「悪いのは妻だ、私は知らなかった」と弁解するかもしれません。しかし、人は自分の妻と蛇が会話しているのを、その横でしっかり聞いていました。このことは、彼らが木の実を食べたときの一言から明白です。

それで、女はその実を取って食べ、ともにいた夫にも与えたので、夫も食べた。（三・六、傍点筆者）

彼は妻と一緒にいて、妻と蛇の会話を一部始終聞いていました。ですから、言い逃れなどできません。

それでは、なぜ人は妻と共に禁止事項を破ったのでしょうか。直接的には語られてはいませんが、次の蛇との会話から、いくつかのことが推測できます。

するると、蛇は女に言った。「あなたがたは決して死にません。それを食べるそのとき、目が開かれて、あなたがたが神のようになって善悪を知る者となることを、神は知っているのです。」そこで、女が見ると、その木は食べるのに良さそうで、目に慕わしく、またその木は賢くしてくれそうで好ましかった。それで、女はその実を取って食べ、ともにいた夫にも与えたので、夫も食べた。（三・四〜六）

まず、人は神のようになりたかったのです。神のかたちであることを十分とは思わず、世界の秩序の中で自らに与えられた位置である神の代理に満足できなかったのです。むしろ神のようになること、特に善悪を知り、自分たちで善悪を決めることを求めたのです。興味深いことに、蛇が園の中央にある木について語って初めて、その木は、世界中で最もすばらしい木のように見え始めています。「そこで、女が見ると、その木は食べるのに良さそうで、目に慕わしく、またその木は賢くしてくれそうで好ましかった」（六節）とあるとおりです。ところが、実際には、「神である主は、その土地に、見るからに好ましく、食べるのに良いすべての木を、そして、園の中央にいのちの木を、また善悪の知識の木を生えさせた」（二・九）とあるように、好ましく、食べるのに良い木は園にたくさんありました。不思議なことですが、「神のようになる」という誘惑を受け、この誘惑に心が動かされ、結果的にものの見方を歪められてしまったのです。そして、「禁じられているものこそ、好ましい、そして食べるのに良い」と誤解して、ついにはこの誤解に基づいて行動を起こすに至ったのです。

一つの禁止事項を破るだけで、なぜここまでの責任を問うのか、と疑問に思うかもしれません。しかし、ここでは人に与えられた使命の大きさを考えておく必要があります。つまり、人は地において、神のかたちという特別な恵みをいただきつつ、神の代理として地を統べ治める使命が与えられていました。神の代理として統べ治めるのですから、当然、神のお命じになったことに人は従うべきです。自分を代理として遣わされた方の命令に従わなくて、どうしてその任務を全うすることができるでしょうか。ところが、人は神の命に従いませんでした。ですから、当然、人はその使命を果たすことができなかったのです。

それでは神の命に従わない能力はどこから来たのでしょうか。聖書は直接にはそのことについて説明していません。ただし、先に述べたように、神のかたちという特別な恵みには、地上で果たす特別な使命とともに、それを果たすことができる特別な能力が含まれていると考えることができます。神のかたちとして与えられた能力は、「神の命じたことを行う」ために用いられるのと同時に、「神の命じたことに従わない」ために用いることもできるのです。ですから、神の代理となる使命と能力が与えられた存在が、まさに神からいただいた能力を濫用して、神に反乱を起こしたと考えることができます。神のかたちとは、諸刃の剣なのです。

B　世界との関わりが歪んだ

さて、禁じられた木の実を食べたために、どのような問題が生じたのでしょうか。
まず、大地がのろわれました。

また、人に言われた。
「あなたが妻の声に聞き従い、
食べてはならないとわたしが命じておいた木から食べたので、
大地は、あなたのゆえにのろわれる。」（三・一七）

次に、大地がのろわれたからこそ、食べ物に関する問題が発生しました。それまでは何の苦労もなく、草木の実を食べることができましたが、大地がのろわれた結果、「あなたは一生の間、苦しんでそこから食を得ることになる」（同節）となりました。土地が茨とあざみを生えさせるようになった結果、野の草を食べなければならなくなったからです（一八節）。収穫を得るためには、まず茨とあざみを除き、そして土地を耕さなければなりません。簡単な仕事だけで収穫を得ることはできません。「額に汗を流して」（一九節）初めて食事にありつくことができるのです。食べるための労働はいつまでも続きます。それは人が大地に帰るときまで続くのです。つまり、土のちりに帰って初めて、死ぬときに初めて、食べていくための労働から解放されます（一九節）。

ですから、生きること、働くこと、食べること、苦しむことは切り離せません。この四つは一つなのです。食べ物のことで土地との関係が崩れ、その結果、人は食べ物で一生苦しみ続けるのです。

女は子を産むときに多くの「苦しみ」を経験するようになると宣言されています。

女にはこう言われた。

「わたしは、あなたの苦しみとうめきを
大いに増す。

あなたは苦しんで子を産む。
また、あなたは夫を恋い慕うが、
彼はあなたを支配することになる。」（一六節）

人が増え、地に広がるために必要なのは、女が子を産むことでした（一・二八）。出産は十分に危険な出来事です。一方で、額に汗を流して労働し続けなければ食べていけないのですから、家族が生き延びるためには、より多くの子が必要となり、子を産む行為が必然的に増えます。出産に伴う苦しみとうめきも増えます。さらに、夫にとっての「ふさわしい助け手」（二・二〇）であった女は、男を恋い慕う一方で、男に支配される者となってしまいます。

蛇ものろわれます。蛇も大地との良好な関係が崩れ、「おまえは腹這いで動き回り、一生、ちりを食べる」（三・一四）存在になります。さらに、女との良好であったはず（会話が可能だったのですから）の関係も崩れ、敵意が蛇と女の間に生まれるのです（一五節）。

このようにして、人が神の命令に背き、神に与えられた能力を濫用し、神に反乱した結果、大地はのろわれ、人と大地の関係は崩れ、人と女の関係は崩れ、女と蛇の関係も崩れました。もはや、人は神のかたちとして、つまり、神の代理として被造物を治めることはできません。

人が神の命令に背いたとき、まず大地がのろわれたのはなぜでしょうか。それは人が大地（ヘブル語で「アダマー」）の塵から造られた存在、ヘブル語でいう「アダム」（土塵男）だからです。

神である**主**は、その大地（アダマー）のちりで人（アダム）を形造り、その鼻にいのちの息を吹き込まれた。それで人は生きるものとなった。（二・七）

人と大地は不可分です。ですから、人が神に背いたとき、最初に大地が人の背きの影響を受けたのです。人と大地の良好であった関係に亀裂が入り、ついには人とあらゆる被造物との関係さえも歪められてしまいました。

人はいつから死ぬようになったのでしょうか。三章一九節には、こうあります。

「あなたは、顔に汗を流して糧を得、
ついにはその大地に帰る。
あなたはそこから取られたのだから。
あなたは土のちりだから、
土のちりに帰るのだ。」

禁止事項を行った（一般的には「罪を犯した」と言う）から、人は不死を失った、と考えることはできます。たしかに、園での出来事以降、人は土のちりに帰る、すなわち死ぬようになると神はアダムに告げておられます。問題は、禁止事項を行う以前はどうだったのか、です。聖書はこのことについて沈黙しています。書かれているのは、いのちの木から食べると永遠のいのちをもつようになるが、そこに至る道は、人が神の命に背いた後には閉ざされてしまったという点です（二二節）。ですから、創世記三章は、人はかつて不死であったかどうかに興味はなく、むしろ園から追い出されて以来、今に至るまで人はみな死ぬ存在であるという現実に注目しています。つまり、「人はいつから死ぬようになったのでしょうか」という問いかけに、創世記三章は答えていないのです。しかし、私たちが死ぬ者であることは明白です。

C　園からの強制退出と世界の自己崩壊

人の死は予告されていましたが、善悪の知識の木から取って食べた瞬間に人やその妻が死ぬことはありませんでした。彼らは園から追放されたにすぎません。むしろ、園の外の土地を耕して生き続けていました（三・二三）。ただし、園に戻ることはできません（二四節）。

園からの追放は、神と共に住む世界からの追放を意味しています。園では、人は神と共に歩んでいました（八節）。神と顔と顔を合わせて生活していた、と言えるでしょう。しかし、園から追い出されたため、人と神の関わりは激変しました。神は人に語りかけ、人は神に訴えることはできます。ところが、人が神と共に住むことが困難になりました。

その一方で「土地ののろい」（一七節）は現実のものとなります。そして、暴力と労苦の連鎖が続きます。まず、地の作物を主へ献げたカインは、そのささげ物が受け入れられなかったゆえに弟を殺します（四・一～一六）。人とその妻の子どもの世代から、死が現実のものとなりました。さらに、カインがアベルを殺して、その血を土地に流したために大地は実りを生み出さなくなりました（「あなたが耕しても、大地はもはや、あなたのために作物を生じさせない」（一二節））。どれほど労苦しても、その労苦は無駄に終わるのです。さらに、カインは放浪者となります（「あなたは地上をさまよい歩くさすらい人となる』（同節））。そして、復讐（二三～二四節）が当たり前となるのです。労苦と暴力が連鎖していきます。

そして、五章に登場するアダムの系図では、死が当たり前となっています。

アダムは百三十年生きて、彼の似姿として、彼のかたちに男の子を生んだ。彼はその子をセツと名づけた。セツを生んでからのアダムの生涯は八百年で、彼は息子たち、娘たちを生んだ。アダムが生きた全生涯は九百三十年であった。こうして彼は死んだ。
（三〜五節）

聖書の他の箇所と比較すると、五章に登場する人々は異常なくらいの長寿です。彼らの年齢をどのように考えるかには様々な課題があります。このことをどのように考えるかに関わらず、人の生涯は死をもってその幕を閉じるという厳しい事実を、系図は突きつけるのです。

さらに、大地ののろいからの解放を人々が求めていたことが示唆されています。特にノアの父レメクは切に解放を求めています。ですから、ノアの誕生の際に、レメクは自分の子どもの運命を次のように述べています。

彼はその子をノアと名づけて言った。「この子は、**主**がのろわれたこの地での、私たちの働きと手の労苦から、私たちを慰めてくれるだろう。」（二九節）

ノアを通して、のろわれた大地に何か変化が起こるのではないか、そんな期待が見えてきます。

しかし、そのように人々が期待しているなかで、地は悪が満たされていきます。「神の子たち」（具体的にどんな存在を表すのか、わかりません）が、決められた枠組みを超えて、人の娘たち、それも自分の目に美しく見える者を選び、妻とするようになります（六・一～四）。神はこの現実を次のように理解しておられます。

主は、地上に人の悪が増大し、その心に図ることがみな、いつも悪に傾くのをご覧になった。（五節）

地上で増大したのは祝福ではなく、人の悪でした。その結果、神は地の面から被造物を消し去る決断をなさいます。

そして主は言われた。「わたしが創造した人を地の面から消し去ろう。人をはじめ、家畜や這うもの、空の鳥に至るまで。わたしは、これらを造ったことを悔やむ。」（七節）

神は積極的に行動を起こし、悪に対して罰を与えられます。しかし、来るべき大洪水によってもたらされるのは、神からの罰にとどまりません。六章一二～一三節を見てみましょう。

神が地をご覧になると、見よ、それは堕落していた（ニシュハター〔ヘブル語〕）。すべての肉なるものが、地上で自分の道を乱していたからである。神はノアに仰せられた。「すべての肉なるものの終わりが、わたしの前に来ようとしている。地は、彼らのゆえに、暴虐で満ちているからだ。見よ、わたしは彼らを地とともに滅ぼし去る（マシュヒタ－ム〔ヘブル語〕）。」

「堕落していた（ニシュハター）」（一二節）と「滅ぼし去る（マシュヒタ－ム）」（一三節）の二つの動詞は同じことばを語源としているので、二つの動詞は密接に結びついています（ヘブル語では「語根が同じである」と言います）。ですから、「堕落していた」から、神はそこを当然「滅ぼし去る」のですし、神が「滅ぼし去る」のは地が「堕落していた」からです。このようにして、神によって与えられた能力を濫用したために、世界に広がった人と彼らの住む地は残念なことに自己崩壊していきました。人は、もはや神のかたちとして世界を治めてはいません。むしろ、人の存在が世界に暴力と虐殺が満ちあふれる原因となってしまいました。アダムとエバから狂い始めた歯車は、世界全体を巻き込み、世界は崩壊へと一直線に進んで行きました。神のすばらしい世界を生み出すために創造された人、地における神の介入を自ら体現する人、神の代理である人、すなわち、神のかたちに造られた人が問題そのものとなってしまったのです。そして、神の審判が到来します。神は洪水をもたらし、これによってすべてを滅ぼし去られます（七・二〇～二三）。これは、堕落していった世界が必然的に迎える結末でした。

D　洪水による世界の再創造と契約の締結

堕落した世界は洪水によって終わりを迎えました。洪水によって地の表面を覆っている土壌が全く入れ替わるように、洪水後に世界は再創造されました。洪水以前の地と空に住んでいた被造物のほとんどは抹殺されました。しかし、箱（「箱舟」といっても、それは直方体ですから、舟なんて代物ではありません）に入っていたノアとその家族とそこに入っていた地上と空の生き物たちだけが洪水後も生き延びました。

「世界が再創造された」と言いました。再創造という表現を用いていますが、それは創世記八～九章には、創世記一章一節～二章三節と数多くの共通点を見いだすことができるからです。まず、神が「風」を吹き渡らせ（八・一）、「大水の源と天の水門」が閉ざされています（二節）。創世記一章二節に、こうあります。

地は茫漠として何もなく、闇が大水の面の上にあり、神の霊がその水の面を動いていた。

「霊」は「風」（八・一）と同じことば（ヘブル語で「ルアハ」）、「大水」（一・二、八・二）は同じことば（ヘブル語で「テホーム」）です。洪水の終焉は、天地創造の始まりを思い起こさせます。さらに、「水が地の上から引いた」（八・一一）とありますが、これは天地創造の三日目の出来事（乾いた所の登場〔一・九〜一〇〕）を想起させます。

そして、人以外のすべての生き物が地に群がり、そこに増えるようにとの命令が送られています。

「すべての肉なるもののうち、あなたとともにいる生き物すべて、鳥、家畜、地の上を這うすべてのものが、あなたとともに出るようにしなさい。それらが地に群がり、地の上で生み、そして増えるようにしなさい。」（八・一七）

一章二二節の海の水の生き物と空の鳥に対しても同じ「生み……増える」ということばを用いて、神は命令をしておられます。

最後には、ノアとその子たちに対して、「生めよ。増えよ」（九・七）と命じておられ、これは、天地創造時の祝福（一・二八）と全く同じことばです。このように、天地創造の記事と洪水後の回復の記事が密接につながっているので、洪水後の回復は世界の「再創造」と考えることができるのです。

それでは、この再創造を通して土地（アダマー）はどうなったのでしょうか。先ほども述べたように、土地の表面に存在するものはすべて洪水によって流されてしまいました。洪水が引いた後、その表面は乾き（「見よ、地〔アダマー〕の面は乾いていた」八・一三）、ノアたちは新しくされた土地に下り立ちました（一八節）。ここで言う「土地」は、どこか特別な場所を指しているわけではありません。「作物を豊かに実らせることができる養分に満ちた表層土」のことです。エジプトではナイル川の氾濫によって毎年、新しい、養分豊かな表層土が誕生したように、洪水によってのろわれた土地、すなわち表層土が生き物もろともに流され、地の上に新しい表層土が生み出され、土地（アダマー）が全く新しくなりましたから、人と土地、そして人と神の新しい関係が誕生したのです。

神はかつては人のゆえに地（アダマー）をのろいました（三・一七）。しかし洪水後、前言を撤回しておられます。

主は、その芳ばしい香りをかがれた。そして、心の中で**主**はこう言われた。「わたしは、決して再び人（アダム）のゆえに、大地（アダマー）にのろいをもたらしはしない。人の心が思い図ることは、幼いときから悪であるからだ。わたしは、再び、わたしがしたように、生き物すべてを打ち滅ぼすことは決してしない。
この地が続くかぎり、
種蒔きと刈り入れ、寒さと暑さ、
夏と冬、昼と夜がやむことはない。」（八・二一〜二二）

神は、「わたしは、決して再び人（アダム）のゆえに、大地（アダマー）にのろいをもたらしはしない」（二一節）と宣言しておられます。ただし、洪水を通して人が神に従うようになったから、このように言われたのではありません。ノアの子孫たちも、それまでの人とは変わりません。

主は、地上に人の悪が増大し、その心に図ることがみな、いつも悪に傾くのをご覧になった。（六・五）

「人の心が思い図ることは、幼いときから悪であるからだ。」（八・二一）

洪水の前後で、人の心が変わったわけではありません。変わったのは神ご自身です。人と新しい形で関わるように神は決められたのです。

洪水による古い世界の破壊は、世界そのものの自己破壊であるのと同時に、神による悪への審判でした。しかし、洪水という徹底的な破壊を目の当たりにした神は、もう同じ形で審判を世界に下すことはしない、と決断されました。悪の審判に対して、いつも破壊という手段を用いたならば、この世界はこれから何度洪水で滅ぼされるでしょうか。エジプトのナイル川沿いの土地ならば、毎年の洪水で「土地」は変わります。その程度の地域なら可能でしょう。しかし、ノアの住んでいる地、すなわち世界に毎年同じことをするわけにはいきません。神は、世界の自己破壊に任せることをなさいませんでした。むしろ神の一方的なあわれみのゆえに、世界を保つと宣言されたのです。こうあるとおりです。

「この地が続くかぎり、
種蒔きと刈り入れ、寒さと暑さ、
夏と冬、昼と夜がやむことはない。」(八・二二)

ただし、このような神のあわれみは、洪水後に突然に登場したものではありません。神のあわれみは、人が自ら生み出した欠けを補うという形で繰り返されています。まず、いちじくの葉で作った服を着ている人に、長持ちする皮の衣を与え(三・二一)、弟を殺したカインを守るために、一つのしるしを与え(四・一五)、二人の子どもを一度に失ったアダムとエバの夫婦にセツ（同二五節）、そして、さらに続く子孫を与えておられるからです。

あわれみの神が新たにもたらされた方策こそが契約です（九・八〜一七）。神は、まずノアとその家族と契約を結び、続いて、すべての生き物、つまり箱舟に入れられていた鳥、家畜、野の獣を含むすべての生き物と結んでおられます（一二、一五〜一七節）。さらに、この契約は「代々にわたり永遠にわたしが与えるその契約」（一二節）とも、「神と、すべての生き物、地上のすべての肉なるものとの間の永遠の契約」（一六節）とも呼ばれています。「永遠」という長い期間にわたる契約です。簡単に破棄されることはありません。

さらに、こうあります。

「わたしは雲の中に、わたしの虹を立てる。それが、わたしと地との間の契約のしるしである。」（一三節）

この永遠の契約のしるしが雲の中にある「神の虹」です。神は、この虹を見るたびに、契約を思い起こされるのです（一四〜一六節）。神の一方的なあわれみによる契約です。

契約を結ぶということは、契約に関わる両者それぞれに制限が課せられることを意味します。主権者であり、王である神は、全く自由です。しかし神は、契約を結ぶがゆえに、あえて自らに制限を課します。それは、被造物を滅ぼさないという制限です。

「わたしは、決して再び人のゆえに、大地にのろいをもたらしはしない。人の心が思い図ることは、幼いときから悪であるからだ。わたしは、再び、わたしがしたように、生き物すべてを打ち滅ぼすことは決してしない。」（八・二一）

「わたしは、わたしの契約をあなたがたとの間に立てる。すべての肉なるものが、再び、大洪水の大水によって断ち切られることはない。大洪水が再び起こって地を滅ぼすようなことはない。」（九・一一）

確かに人の心は悪に満ちていますが、そうであったとしても、大地（アダマー）にのろいをもたらさず、生き物を討ち滅ぼさず、洪水で地を滅ぼさない、と神は約束をしておられます。それとともに、先にも述べたように、いのちの祝福はあらゆる生き物に与えられています（九・一～二、一・二八参照）。それに加えて、これまで許可されなかった肉食さえも許されています。

「生きて動いているものはみな、あなたがたの食物となる。緑の草と同じように、そ

のすべてのものを、今、あなたがたに与える。」（九・三）

その結果、あらゆる生き物の生と死に関わる務めが人に委ねられました。彼らには、神のかたちとしての使命が引き続き与えられているのです。

制約が課せられるのは神だけではありません。契約が結ばれた人にも新たな制約が課せられます。生死をつかさどる使命が与えられているからこそ、その適切な使用が求められたのです。

ただし肉は、そのいのちである血のあるままで食べてはならない。わたしは、あなたがたのいのちのためには、あなたがたの血の価を要求する。いかなる獣にも、それを要求する。また人にも、兄弟である者にも、人のいのちを要求する。

　人の血を流す者は、
　人によって血を流される。
　神は人を神のかたちとして
　造ったからである。（四〜六節）

「肉は、そのいのちである血のあるままで食べてはならない」（四節）という命令には、生き物の殺戮が単なる楽しみとしてなされることを止める目的があります。つまり、神のかたちである人に与えられた使命である、生き物の生死をつかさどる働きにはどれだけ重みがあるかを教えているのです。人間の流血（すなわち殺人）も禁止事項に含まれていいます（五～六節）。殺人とは、ある意味では人の悪が生み出す自己崩壊そのものです。このようなことが起こらないように神は人に制約を課されたのです。このようにして、洪水後の契約において神は人の悪を認めつつ、それが蔓延せず、むしろある一定の枠の中に収めるために、自らと人に制約を課せられたのです。

注目しておくべきなのは、「神は人を神のかたちとして造った」（六節）ということばです。どれだけ人の心に悪が満ちたとしても、神は、人に与えた使命、すなわち神の代理として世界を統べ治めることを捨ててはおられません。むしろ、契約を通して、すなわち神ならびに人の両者に制限が加えることによって、人が神のかたちとしての使命を全うできるようにしようと働いておられるのです。神は全被造物のうちに神の祝福を満たす目的を果そうとしておられるからこそ、神は人に使命を与えられました。そして、人を通して、洪水のあとに新たに始められた世界の回復に取り組もうとされたのです。

E　世界へと増え広がる人

再創造された世界で、ノアの子どもたちは増え広がります。一〇章一～三二節の系図から、セム、ハム、ヤフェテの子孫たちから地上の諸民族が生まれたことがわかります。この系図は、親子関係のみならず、兄弟関係を含む横の広がりをもっています。全世界はノアを父祖とする一つの家族から生まれた人々に満ちており、そのような世界がこれからの物語の舞台です。

一二章以降で綴られるアブラハムとその子孫の物語がどのような文脈の中に置かれているかが、一〇章の系図を通して明らかにされています。アブラハムとその子孫は、自分たちの周りに存在し、関わりをもつことなしには生きることができない諸国、社会の中で生きていることを表しています。そして、聖書の興味が「選民」の運命ではなく、神が選民を通して世界の諸国をどのようにしようとしておられるのかにあることを示唆しているのです。

〈まとめ〉

一　神のかたちに造られた人は、神のことばに従うべきであった。ところが、「神のようになろう」という思いのゆえに、神に反逆した。それは、神から与えられた能力の濫用の結果である。

二　神への反逆は、人と神、人と妻、人と土地、人と被造物と、あらゆる関係を歪ませた。その結果、人は神と共に住むはずの楽園から追い出され、外の世界で自己崩壊の道を歩まざるをえなくなった。そして、多くの被造物が洪水によって滅ぼされた。

三　洪水後、神はノアをはじめとする人および全被造物と契約を結ばれた。そして、人の悪に関わりなく、洪水によって世界を滅ぼしてやり直すことはないと自らにあえて制限を課せられた。それとともに、人にも、肉食の許可と流血に対する制限を与えて、彼らが神のかたちとして世界を治めることができるようにお導きになった。

Ⅳ　イスラエル・選ばれた民との契約による神のかたちの再生
〈創世記一二章〜旧約聖書の終わり〉

「聖書六十六巻を貫く一つの物語」は、第二幕までは、全被造物、全国民に焦点が当てられた、より包括的な物語でした。しかし第三幕に移ると、アブラハムとその子孫という一つの民族にその焦点が当てられます。

第三幕の特徴は、神がアブラハムとその子孫、すなわちイスラエルの民をご自身の地上における働きのために神のかたちとして用いようとしておられることです。神ご自身は、幕屋・神殿とそこにとどまる神の栄光を通して、彼らの中にとどまられます。その一方で、アブラハムとその子孫であるイスラエルが神のかたちとしての使命を果たすために、神との契約に入れられました。アブラハムとの契約、モーセを介した契約、そしてダビデとの契約です。このようにして、イスラエルがその使命を果たすことができるようにと神は備えられたのです。

A　神のかたちの再生のために選ばれた一家族・神の主権的行動

先に述べたように、ノアの息子セム、ハム、ヤフェテから地上のあらゆる言語（同じ言語で話す人たち）、あらゆる氏族（血のつながりを感じる程度の大きさの家族）、あらゆる国民（ある地域に住んでいるたくさんの氏族の集まり）が誕生しました（創世一〇章）。それでは、洪水によって再創造された世界に住み始めた人は、神のかたちとしての使命を果たすことができるようになったのでしょうか。

世界の民はもともと、みな同じ話しことばを用いていました（一一・一）。彼らは世界中に散らばり広がるよりは、シンアルの地に定住することを選びました（二節）。そして、進歩した建築のテクノロジー（石かられんがへ、漆喰から瀝青〔アスファルト〕へ）を用いて、定住している者たちは大きな塔（塔とはいっても、実際は神殿）を、協力して建て始めました（三〜四節）。彼らは次のように語って、この工事を進めたようです。

「さあ、われわれは自分たちのために、町と、頂が天に届く塔を建てて、名をあげよう。われわれが地の全面に散らされるといけないから。」（四節）

「協力」とは聞こえがよいのですが、彼らの行動は三つの点から神に反逆をしていました。まず、自らのすばらしさ（つまり、「名」）を自分たちの建造物によって示そうとしました（四節）。次に、全地へと広がっていくという神の意志（九・一、七）を無視して、一か所に、とどまろうとしました（「地の全面に散らされるといけないから」）。三つめに、自分たちが決めた場所に、自分たちが決めた方法で、天の神を招こうとしました。「頂が天に届く塔」（四節）はバビロンにあったマルドゥクという神へのジックラトゥ（七段からなる九〇メートルの塔）を指していると考えられています。これは、天におられる神を地の上に招くための通路に相当するものです。つまり、神がどのようにして天から地に介入するか、どの場所を重んじるのか、まだ何も語っておられないのに、神に先んじて、場所と神の介入の手段を決定したのです。

人は、洪水が終わっても何も変わっていません。やはり「人の心が思い図ることは、幼いときから悪である」（八・二一）と神が言われたとおりでした。そこで、人の子の企てを打ち砕くために、神は自ら降りて行って（一一・七）、彼らのことばを混乱させ、互いに話しことばが通じないようにし、そして、地の全面に散らされたのです（七〜八節）。神に反抗する人に厳しいさばきが下されたのと同時に、地の面に人を散らすことによって、世界を人で満たす神の計画が実行されたのです。ですから、この神のさばきを通しても、神の計画は進展しています。

このような状況の中で、神は新しい計画を始められました。それは、一つの家族を選び、この家族を通してすべての民を祝福することです。つまり、選ばれた家族が一つの民となり、その民が神のかたちとして地上に存在するようになるのです。そして、神はこの民を通して、世界のすべての民を祝福する計画を立てておられます。神が選ばれたのは、セムの家系（一〇～二六節）、テラの三人の息子のうちの一人のアブラム（後のアブラハム）でした（二七～三二節）。なお、ここでは、「神の主権的な選び」が強調されています。バベルは「人が決めた方法」でその働きが進められ、神はそれを打ち砕かれました。しかし、今度は神が自らの計画に基づいて、一家族を選ばれるのです。

B　契約により神のかたちへと造りかえる――アブラハム、モーセ、ダビデ

創世記一二章以降、旧約聖書の終わりに至るまで、選ばれた一つの家族とその家族から生み出された一つの民に対して、神がどのように関わりをもち続けられたかが綴られています。神は彼らを神のかたちへと造りかえようとし、そのことを通して世界の諸民族を祝福し、全被造物の回復へと進もうとしておられるのです。この物語を貫くのが先に述べた契約です。この契約と深く関わったのは、アブラハム、モーセ、ダビデの三人です。それぞれが関わった契約がどのようなものであるかを見ていきましょう。

一　アブラハムとの契約

アブラハムへの招き

主が結ばれるアブラハムとの契約の背景には、創世記一章における神の祝福があります。そのことが最もよく現れているのは、ハランの地にいたアブラハム（このときはまだ「アブラム」という名）への神の召命のことばです。

「あなたは、あなたの土地、
あなたの親族、あなたの父の家を離れて、
わたしが示す地へ行きなさい。
そうすれば、わたしはあなたを大いなる国民《くにたみ》とし、
あなたを祝福し、
あなたの名を大いなるものとする。
あなたは祝福となりなさい。
わたしは、あなたを祝福する者を祝福し、
あなたを呪う者をのろう。

地のすべての部族は、
あなたによって祝福される。」（一二・一〜三）

テラとその一家は黄昏を迎えていた帝国の都ウルを出立し、ユーフラテス川沿いをさかのぼり、ハランの地に到着しました。しかし、テラがそこで死んだため、同行していた家族たちは、ウルに戻るか、ハランにとどまるか、それともカナンの地へ進むか、選択を迫られていました（一一・三一〜三二）。

そのような状況下で、今や家長として一族を導くべきアブラハムに主が声をかけられました（一二・一〜三）。そこでは、二つの命令が告げられています。

まず、「行きなさい」（一節）。「わたしが示す地」とは、当初から予定されていたカナンの地（一一・三一）を指してはいたでしょう。しかし、神はあえて、ある場所の名前を示すのではなく、「わたしが示す地」と語ることによって、アブラハムを定住の生涯ではなく、神の指示に基づいて旅を続ける生涯へと招かれたのです。

アブラハムが命令に積極的に応えたとき、主もアブラハムにお応えになります。

「わたしはあなたを大いなる国民《くにたみ》とし、あなたを祝福し、あなたの名を大いなるものとする。」（一二・二）

ひとりのアブラハムから一つの大きな国民が誕生するという約束です。アブラハムの妻サラが子どもを産むことのできないようなからだであったとしても（一一・三〇）、主はアブラハムから大きな国民を生み出す、と言われました。子孫の増大のテーマは創世記一章二八節、九章一、七節ですでに語られたものであり、それがアブラハムへの約束でもより明確に表されています。何よりもまず、これが彼の家族の中で実現するのです。なお、子孫の増大のテーマと領土の獲得の約束（一二・七）は不断の関係にあります。

そして、主は出立したアブラハムを祝福されます。天地創造において人を祝福し、洪水後にノアを祝福した方がここでも祝福してくださるのです。さらに、バベルにおいて民は自らの名をあげようとしましたが（一一・四）、アブラハムについては、ここで主が彼の名を大いなるものとすると約束しておられます。主の招きに応えて、離れ、出立するとき、主がアブラハムの上に祝福を与え、アブラハムの名は世界中で讃えられるのです。ですから、ここでなされている約束は、アブラハムがそれに積極的に応答するか否かにすべてかかっていました。積極的に応答すれば、約束は実現するのです。

主の二つめの命令は、「祝福となりなさい」（一二・二）です。主に祝福されたアブラハムが祝福そのものとなるのです。これまでの経過からわかるように、世界にはのろいと悪が満ちています。しかし、そのような世界の真ん中でアブラハムは主の祝福を受けた者として生きるように命じられています。アブラハムとその一族の祝福と増大を神は約束しておられます。しかし、それはこの一族に限定されたものではありません。より大きな視点から考えると、アブラハムへの祝福を通して、天地創造において与えられ、洪水後にノアに対して与えられた全世界への祝福の約束を実現することが主の究極的な目的なのです。ですから、アブラハムは、主が全世界の民を祝福するために備えた、具体的な働きの器です。ただし、アブラハムが「離れて、行く」ことによってこのことは初めて現実となります。アブラハムの応答が世界の祝福にも必須でした。なお、「地のすべての部族」と言われてはいますが、アブラハムの物語を読み進めていくとき、アブラハムが祝福を与えていくのは一〇章に記されているノアの子孫たちです（「地のすべての国民《くにたみ》」〔一八・一八、二二・一八、二六・四、二八・一四〕）。具体的には、ソドムとゴモラ（一八・二三〜三三）に住むカナン人（二〇・一九）やアビメレクを王とする（二〇・一七、二六・一）ペリシテ人（一〇・一四）が挙げられます。

ただし、主からのアブラハムに対する招きのことばを見るとき、地のすべての部族の祝福には、ある決められたプロセスがあることがわかります。まず、アブラハムが祝福された者として生きます。すると、今度はアブラハムを祝福する数多くの者が生み出されてくるのです。そして、「わたしは、あなたを祝福する者を祝福し」（一二・三）とあるように、アブラハムを祝福する人を、主が祝福なさいます。アブラハムを祝福したように主は彼らを祝福されます。このようなプロセスを経て、祝福された者が世界に増えていきます。ですから、祝福を受けた者はみな、アブラハムの子どもと言うことができるのです。

このようにして、アブラハムを介して主の祝福を受ける民が起こされ、それが増え広がり、ついにはすべての国民が祝福された民、すなわり、アブラハムの子どもたちとなります。神の目的は、アブラハムを通して全世界を祝福することです。もちろん、アブラハムを呪う人もいます（「あなたを呪う者をのろう」三節）。ただし、「あなたを祝福する者」はヘブル語を見ると、複数形、すなわち「あなたを祝福する者たち」ですが、「あなたを呪う者」は単数形です。ですから、アブラハムを呪う人は、あくまでも例外であると考えることができます。しかし、少数ではあるにしても、そのような人がいる場合には、その人をのろうと主は約束しておられます。

アブラハムとの契約

一二章で約束された祝福を実現するために、主はアブラハムと契約を結ばれました。それでは、具体的にはどのような契約を結ばれたのでしょうか。

アブラハムの物語において、「契約」ということばが最初に登場するのは一五章一八節です。一五章において、一二章一～三節で神が約束された子孫の増大と一二章七節で語られた領土の獲得の約束について、アブラハムは主に問いかけています（子孫〔一五・二～

三）、土地（八節）。神の約束に対する疑いを正直に主に述べているのです。しかし、主はアブラハムの疑いに対してあらためて約束を与えられます。まず子孫については、その数が増大することをこう約束しておられます。

するとと見よ、主のことばが彼に臨んだ。「その者があなたの跡を継いではならない。ただ、あなた自身から生まれ出てくる者が、あなたの跡を継がなければならない。」そして主は、彼を外に連れ出して言われた。「さあ、天を見上げなさい。星を数えられるなら数えなさい。」さらに言われた。「あなたの子孫は、このようになる。」（四～五節）

さらに土地についても、次のように語り、確かに与えることを確認しておられます。

その日、主はアブラムと契約を結んで言われた。「あなたの子孫に、わたしはこの地を与える。エジプトの川から、あの大河ユーフラテス川まで。ケニ人、ケナズ人、カデモニ人、ヒッタイト人、ペリジ人、レファイム人、アモリ人、カナン人、ギルガシ人、エブス人の地を。」（一八～二一節）

土地との関わりにおいて「契約を結んだ」（一八節）という表現があります。ですから、ここでの契約では、土地に関することにまず焦点が当てられています。

一五章における契約の締結を見ると、主が一方的に約束を与えておられるように理解することができます。しかし、それは正確ではありません。アブラハムは、一二章一～三節の主のことばに応答しています。その上での約束です。さらに、一五章においても、子孫は星のように数多くなるという主の約束のことば（四～五節）に対して、アブラハムは応答しています。

アブラムは主を信じた。（六節）

いまだに子どもがいないアブラハムですが、それでもなお、数多くの子どもを与えると約束してくださった主を信じたのです。ここで「信じた」とは、単に「主が神であることが本当だと思う」という意味ではありません。アブラハムが主とその約束に徹底的に信頼したということを、「主を信じた」という一言は表しています。

アブラハムの主への信頼（六節）がアブラハムと主の関係を深めるきっかけとなります。そして、「それで、それが彼の義と認められた」（同節）と続きます。主は、自らを信頼したアブラハムを義とお認めになります。

キリスト者は、「義と認める」を「罪が赦された」と理解しがちです。しかしアブラハムの物語の文脈から考えると、「罪が赦された」という意味では話が通じません。それで、この文脈での「義と認める」の意味を考える必要があります。アブラハムを「義と認めた」主は、アブラハムと「契約を結び」（一八節）、土地を与えることを再度約束されます（一九～二一節）。つまり、⑴アブラハムの主への信頼、⑵それゆえに、主がアブラハムを義と認める、⑶それで、主はアブラハムと契約を結ぶ、という流れで物語は進んでいきます。すると、「義と認める」とは、主がアブラハムを「契約のパートナーとして信頼のおける存在」だと認めることを表現していることになります。主のことばに対するアブラハムの信頼を見て（さらに、一二章での招きに対するアブラハムの応答を見て）、世界の諸国を祝福するという神のわざを共に実行するパートナーがアブラハムである、と主がお認めになったのです。

契約を結ぶにふさわしいパートナーとしてアブラハムを選んだ主は、祭儀を通して契約を締結されます（七～二一節）。その中で、まず、アブラハムに対して、「わたしは、この地をあなたの所有としてあなたに与えるために、カルデア人のウルからあなたを導き出した**主**である」（七節）とご自分とアブラハムとの関わりを確認なさいます。ここで、主は自らがだれであるか（ウルからアブラハムを連れ出した**主**）と、ご自分の行動の目的は何か（カナンの地をアブラハムに所有として与える）を示しておられるのです。つまり、何のための契約であるのか、だれと結ぶ契約であるのかについて両者が同意していることが推察できます。そして、祭儀を行い（八〜一二節）、アブラハムの子孫の将来を示し（一三〜一六節）、主ご自身がこの契約への献身を誓われるのです（一七節）。アブラハムの「主を信じる」という信頼のゆえに、主は契約を結ばれます。切り裂かれた動物の間を通られたのが主だけであるということから、それを守る責任は主にあることが強調された契約です。

しかし、主とアブラハムの契約はこれにとどまりません。一七章に進むと、主はアブラハムに対して、こう要求なさいました。

「わたしは全能の神である。あなたはわたしの前に歩み、全き者であれ。」（一節）

ノアやエノクが神とともに歩んだ（五・二四、六・九）ように、アブラハムも「神とともに歩む」ことが求められたのです。神が共にいることとは、神のかたちとしての使命を果たすために欠くことのできないことです。主からの要求がある一方で、子孫の増大（一七・五〜七）および領土の獲得（八節）が約束されています。そして、神自らが、アブラハムと、さらにはアブラハムとその子孫と結ぶことが宣言されています。

「わたしは、わたしの契約を、わたしとあなたとの間に立てる。」（二節）

「これが、あなたと結ぶわたしの契約である。」（四節）

「わたしは、わたしの契約を、わたしとあなたとの間に、またあなたの後の子孫との間に、代々にわたる永遠の契約として立てる。わたしは、あなたの神、あなたの後の子孫の神となる。」（七節）

ノアとの契約（九・一六）と同様に、アブラハムとの契約も「永遠の契約」（一七・七）と呼ばれています。非常に長期間継承されるものです。全能の神は忠実にこの契約をアブラハムのみならず、彼の子孫とも結ぶことを強調しておられます（七節）。また、後にモーセを介してイスラエルと結ばれる契約で繰り返される契約に関する定型表現である「わたしは、あなたの神、あなたの後の子孫の神となる」（同節）がここで初めて語られています。

その一方で、契約のパートナーとして認められたアブラハムには、「神の前に歩み、全き者である」（一節）こと、さらには自らの名を「アブラム」から「アブラハム」に変えること（五節）が求められています。けれども、ここで表されている「神の前に歩むこと」が具体的に何であるかは、明らかにされていません。ただ、この契約のしるしとして、アブラハムの子孫、そしてその家に連なる者たちが継続して割礼を受けることを神は求めておられることはわかります（九〜一四節）。つまり、アブラハムの子孫と全能の神との特別な関係は自動的に更新されるものではありません。すべての男子がこのしるしを身につけることは、継続して主への従順を誓うことであり、それによって初めてこの契約は更新されるのです。なお、この契約はアブラハムの男女を含めた家族全員に継承されますが、割礼というしるしは男性にしかありません。家長を長とする父権社会だからです。つまり、家長が割礼を受けているかぎり、その家はこの契約を継承しているのです。

「神の前に歩み、全き者である」ことが平時において問われることはあまりありません。前の皮を切るという痛みはありますが、儀式としてはそんなに難しいことではないからです。その真価が問われるのは、主がアブラハムから何かを取られるときです。

このあと主は、アブラハムから彼の二人の息子を取り去られます。まずはイシュマエルです。イシュマエルはイサクの誕生のゆえに邪魔者となってしまい、アブラハムは彼を追い出さざるを得ない状況に追い込まれます。母親が女奴隷であったとしても、自分の子どもは子どもですから、アブラハムはイシュマエルを追い出すことについて苦悩しました（二一・一一）。しかし、主がイシュマエルに対して祝福の約束を与え、その祝福とともに彼を去らせることを許可されたので（一二〜一三節）、アブラハムは「翌朝早く」、彼らを去らせます（一四節）。驚くことに、二一章九〜二一節ではイシュマエルはその名が呼ばれることがありません。「女奴隷の子」（一〇、一三節）とサラから、さらに主からも呼ばれています。

しかし、主がアブラハムから取られたのはイシュマエルだけではありませんでした。イシュマエルに続いてイサクも取り去られました。イサクの場合、彼を全焼のささげ物として献げよ、との命令が、主から直接アブラハムに下ります（二二・二）。このとき、アブラハムはいっさい苦悩することなく、「翌朝早く」（三節）、イサクを連れてベエル・シェバから出立します。アブラハムは淡々と神が示された場所へと向かいました。イサクは何の抵抗も試みません。そして、「その子をほふるために刃物を執った時」（一〇節、私訳）まで出来事は淡々と進んでいきます。あたかも主の命令に全く服従しているアブラハム、そしてイサクの姿を見て慌てた主が、御使いによってアブラハムの行動を止めたかのように読むことができます（一三節）。主の命令への一切の躊躇もない従順、という形でアブラハムは「神の前に歩み、全き者で」あったのです。その姿を見た主は、ご自身の使いを通して次のように応答します。

「わたしは自分にかけて誓う――主のことば――。あなたがこれを行い、自分の子、自分のひとり子を惜しまなかったので、確かにわたしは、あなたを大いに祝福し、あなたの子孫を、空の星、海辺の砂のように大いに増やす。あなたの子孫は敵の門を勝ち取る。あなたの子孫によって、地のすべての国々は祝福を受けるようになる。あなたが、わたしの声に聞き従ったからである。」（一六～一八節）

主は、「わたしは自分にかけて誓う」（一六節）とまず語っておられます。これまでも「わたしはあなたを……とする」と幾度も語り、アブラハムと契約も結びました（一五・一八、一七・四、七、一九）。神の意志も、その契約も十分に信頼できるものです。けれども、アブラハムの徹底した従順を目の当たりにし、彼が「神を恐れていることを『知った』」（二二・一二、一部私訳）主は、「自らにかけた誓約」をもってアブラハムを祝福し、その子孫の数を多くすると誓われたのです。主の不退転の決意をここに見ることができます。主はアブラハムとその子孫に人と世界の将来を賭けられたのです。全世界の諸国民を祝福するという神の計画（一二・一～三）が実現するのは、アブラハムの子孫を通してであり、これ以外にはないと、神はここで定められました。

「神のかたちとして地を治める」（一・二六～二八）使命を人に与えたこと自体、大きな驚きでした。神は、人を通して全被造物を適切に治める以外の方法を考えられませんでした。それに続いて、ここではひとりの人とその子孫を通して全世界の民を祝福するという神の計画を定めておられます。この後のアブラハムの子孫たちの歴史を知っている者にとって、二二章一六節の神の誓約は無謀とも言えるでしょう。幾度となく、神に背き続けるからです。しかし、神はアブラハムの子孫に信任を置き、その子孫を通して神のかたちを人の間に回復し、世界の問題を解決すると決められました。アブラハムの子以外の方法を主は準備してはおられません。

同時に、この誓約は、神の計画に反する行動をアブラハムの子孫が行い、その結果、神の計画が妨害されたとしても、神は必ずご自身の計画を実現することを意味します。ここに、神の全能が現されています。計画どおりにきっちりと物事を遂行するだけでも大変な能力が求められます。ところが、裏切りや無関心が渦巻く中で、神に服従するとは限らない人を通して、ご自身の計画を必ず達成すると誓う、神の大胆さと全能がこの誓約には表現されているのです。

二　モーセを介しての契約

アブラハムの子孫は、イサクからヤコブ（イスラエル）、その十二人の息子たちへとつながっていきました。そして、ヤコブが年老いたとき、イスラエルの一族はカナンからエジプトへと移住します。五書（創世記から申命記を指す）の残りの部分には、イスラエルの民がエジプト経由で神の山シナイへ行き、そこからヨルダン川東岸を北上してカナンの地の境界にあるモアブの野へと向かう旅が記されています。さらに、五書の大半は神の山シナイでの律法の授与（出エジプト一九章～民数一〇章）に割かれています。
エジプトへと移住したヤコブとその家族の子孫は増え広がり、エジプトの地に満ちました（出エジプト一・七）。しかし、エジプトにヨセフのことを知らない王朝が生まれた結果、民は奴隷とされ、民族抹殺の危機下に置かれてしまいます（八～二二節）。ところが、民の叫びに耳を傾けられた彼らの先祖の神は、モーセを起こし、十のわざわいをエジプトに下し、葦の海での戦いでファラオの軍隊を打ち破り、ご自身の民を救い出してくださいました（出エジプト一～一五章）。その後、イスラエルの民はシナイの荒野の主の山の前に導かれて行きます。

祭司たちの王国、聖なる国民

主がモーセに命じて、シナイ山に到着したイスラエルに対して語らせたことばが、出エジプト記一九章四～六節です。そこには、モーセを介する契約がどのようなものであるのかが明確に示されています。

「あなたがたは、わたしがエジプトにしたこと、また、あなたがたを鷲の翼に乗せて、わたしのものにしたことを見た。今、もしあなたがたが確かにわたしの声に聞き従い、わたしの契約を守るなら、あなたがたはあらゆる民族の中にあって、わたしの宝とな

る。確かに全世界はわたしのものである。あなたがたは、わたしに属する祭司たちの王国、聖なる国民となる。」（一部私訳）

このテキストでは、出エジプトの出来事を前提としつつ、シナイ山における契約の意義が明らかになっています。

主は、「ヤコブの家」と呼ばれるヤコブを父祖とする大家族に対して主の一つの提案をしています。この提案には歴史的な前提があります。主がエジプトとその王ファラオの奴隷からイスラエルを解放（「鷲の翼に乗せる」）し、その民を自らのものとされたことです（四節）。イスラエルは主の所有の民となったのです。出エジプト記一〜一五章で物語られていたのがこの歴史的前提です。

次に、自らの所有となった民に対して、主は、世界中の民の間で主の「宝」とならないか、という提案をなさいます。ただし、一つだけ条件があります。

「もしあなたがたが確かにわたしの声に聞き従い、わたしの契約を守るなら」（五節）

つまり、主だけに仕え、他の何ものにも仕えない民となることが主の宝となる条件です。ここでの「主の声」「主の契約」とは、出エジプト記二〇章以降に記されている律法を指しています。つまり、律法は、主によって主の所有とされた者が、世界中の民の中で主の宝となるために満たすべき条件なのです。

この条件を満たすとき、イスラエルの民はどうなるのでしょうか。彼らは、全世界の所有者である主の前で「祭司たちの王国、聖なる国民」となります。このような民となる使命が、イスラエルに与えられるのです。言い方を変えると、「祭司たちの王国、聖なる国民」という特別な存在であるからこそ、彼らは世界中の民の中での主の宝となることができるのです。

では、「祭司たちの王国、聖なる国民」とは具体的にはどのようなことを表しているのでしょうか。

まず、「聖なる国民」とは、聖なる神によって聖別され、他の国々から区別された存在を指しています。「わたしが主であり、あなたがたを聖別する者である」（出エジプト三一・一三）とあるように、主がイスラエルを聖別し、ご自身に属する特別な存在となさいます。ですから、「聖なるもの」とされることは神からの賜物なのです。主によって聖別された彼らは、今や様々な規範と組織（つまり、律法）によって整えられた「国民」となるのです。もはや「イスラエルの一族」という系図によって結び合わされた大家族ではありません。一つの国家です。

さらに、彼らは「祭司たちの王国」となります。出エジプト直後に歌われた海の歌（出エジプト一五・一～一八）の最後で、次のように歌われています。

「**主**はとこしえに王となられた。」（一八節、私訳）

「祭司たちの王国」とは、主という王が治める国（王国）の祭司になることを意味します。主へのささげ物を世界の民に代わって献げ（レビ一～九章に登場する祭司の働き）、彼らにきよさと汚れを区別することを教え（一〇・九～一一）、主の祝福を取り次ぐ（民数六・二二～二七）存在となるのです。

出エジプト記一九章四～六節での主の提案を受けたイスラエルは、「私たちは**主**の言われたことをすべて行います」（八節）と応答し、主と契約を結びます。世界の真ん中に置かれた主の宝となるという使命を受け入れたのです。

このように見ていくと、出エジプトとシナイ山での契約の締結は、単にそれのみが独立しているものではないことがわかります。これまでの聖書の物語と密接に結びついています。

まず、出エジプトの究極の目的は、独裁者であるファラオからの解放ではありません。シナイ山で神が啓示する律法に表されている規範と組織をイスラエルが自らのものとするための備えです。さらに、出エジプトはあくまでもイスラエルへの神の賜物です。解放されたからこそ、イスラエルは神に属する存在となり、強いられてではなく、自らすすんで神に従う存在となる道が開かれたからです。
次に、契約に従う、神に従順な国民となることさえも、出エジプトの究極的な目的ではありません。主がその所有者である全世界の中で、神の支配（つまり、主の王国）を世界へと分かち合い、証しし、喜び祝う（つまり、祭司となる）ために必要な整えとして、出エジプトは必要だったからです。先に祭司には三つの特徴があると述べましたが、出エジプトの目的を理解するうえで重要になるのは、主の祝福を取り次ぐことです。主の祝福を取り次ぐ祭司のモデルとしてアロンの姿が描かれています。

「アロンとその子らに告げよ。『あなたがたはイスラエルの子らに言って、彼らをこのように祝福しなさい。
主があなたを祝福し、
あなたを守られますように。
主が御顔をあなたに照らし、
あなたを恵まれますように。
主が御顔をあなたに向け、
あなたに平安を与えられますように。』

アロンとその子らが、わたしの名をイスラエルの子らの上に置くなら、わたしが彼らを祝福する。」（民数六・二三〜二七）

アロンがイスラエルを祝福するとき、主がイスラエルを祝福されます。アロンは主の祝福を仲介する祭司にすぎません。同じことをイスラエルが世界の民に対して行うのです。つまり、イスラエルが祭司として諸国民を祝福するとき、王である主が諸国民を祝福されます。このようにして、創世記一二章三節でアブラハムに対して主が約束されたことがイスラエルを通して現実となっていくのです。

「わたしは、あなたを祝福する者を祝福し、
あなたを呪う者をのろう。
地のすべての部族は、
あなたによって祝福される。」

主は、アブラハムを通して行うと誓ったことをイスラエルの民を通して行うために、シナイ山において契約を結ばれるのです。つまり、イスラエルが主の律法に従い、「聖なる国民、祭司たちの王国」となったとき、イスラエルの民は、アブラハムがそうであったよ

うに、神のかたちとしての使命を果たし、地上における神のわざを神とともに遂行します。世界を祝福しようとしている創造者である神の祝福を、その代理として諸国民に取り次ぐからです。ですから、出エジプト以降、今度はイスラエルが神のかたちとして世界の回復の働きに携わるのです。

神の山での契約

民は、モーセを仲介者として定め、主より十戒（出エジプト二〇・一～一七）、契約の書（二〇・一九～二三・三三）、そして幕屋の設計図（二四・一五～三一・一八）を受けました。しかし、イスラエルが「祭司たちの王国、聖なる国民」となることはたやすいことではありません。最初の人であるアダムとエバに起こったのと同じように、契約を結んだイスラエルの民はすぐに堕落してしまいます。

モーセの不在の間、イスラエルは彼に代わる導き手として偶像（鋳た像）である金の子牛を造り（三二・一～六）、「大きな罪を犯し」（三一節）たからです。そのために、一度は締結された契約が破棄されてしまいました。このことは象徴的に、二枚の石の板の破壊を通して表されています（一九節）。イスラエル自身が十戒に背いたために「祭司たちの王国、聖なる国民」へとなる道が閉ざされてしまいました。

いったい何が問題だったのでしょうか。もちろん十戒に背いて、自分たちで勝手に金の子牛という鋳た像を造ったのは大問題です。しかし、それ以上に、そのようにして自ら造った金の子牛を主の力の具体的な現れとしたことが問題でした。主が自らの仲介者としてお立てになったのはモーセでした。つまり、モーセという人こそが、イスラエルの民の真ん中に置かれた主の力の具体的な現れだったのです。ところが、彼が不在であるという不安から、イスラエルは彼以外の存在を仲介者として立ててしまったわけです。これは、主以外のものを自らの神とする背教です。

主はイスラエルを完全に滅ぼし尽くそうとされましたが、モーセが仲介しました。そして、それを止めました（七〜一四節）。幸いにイスラエルは滅ぼされませんが、主はイスラエルの民とともに行くことを拒んだのです。

主はモーセに言われた。「あなたも、あなたがエジプトの地から連れ上った民も、ここから上って行って、わたしがアブラハム、イサク、ヤコブに誓って、『これをあなたの子孫に与える』と言った地に行け。わたしはあなたがたの前に一人の使いを遣わし、カナン人、アモリ人、ヒッタイト人、ペリジ人、ヒビ人、エブス人を追い払い、乳と蜜の流れる地にあなたがたを行かせる。しかし、わたしは、あなたがたのただ中にあっては上らない。あなたがたはうなじを固くする民なので、わたしが途中であなたがたを絶ち滅ぼしてしまわないようにするためだ。」（三三・一〜三）

しかし、このままではだめである、とモーセは理解しています。イスラエルが神の民として生き、神のかたちとしての使命を果たすためには、彼らのただ中に主の臨在が必要だったからです。主が共におられないかぎり、イスラエルはその使命を果たすことはできません。そこで、モーセはさらに民のためにとりなします。まず、主に、指導者としての自分とともに行ってくださることを求めました（一二～一三節）。そして、「わたしの臨在がともに行き、あなたを休ませる」（一四節、傍点筆者）との答えを主からいただきます。しかし、これがゴールではありません。主が「あなた」すなわちモーセとともに行かれただけでは、イスラエルは神の民として生きることはできないからです。何よりイスラエルの民とともに主が行かれることが必要です。そこで、モーセはさらに主に迫ります（一五～一六節）。モーセのことばを注意深く見ると、彼が自分のことを足がかりに、民のことに話を進めていることがよくわかります。

「もしあなたのご臨在がともに行かないのなら、私たちをここから導き上らないでください。私とあなたの民がみこころにかなっていることは、いったい何によって知られるのでしょう。それは、あなたが私たちと一緒に行き、私とあなたの民が地上のすべての民と異なり、特別に扱われることによるのではないでしょうか。」（一五～一六

節）

モーセは、指導者である自分だけでなく、民全体（「私たち」「あなたの民」）とともに主が行ってくださることを求めました。イスラエルの民が地上のすべての民とは異なること（一六節）のしるしは、民の間にある主の臨在だからです。そして、主はモーセの提案を最終的には受け入れ、イスラエルとともに行かれます（一七節）。

このプロセスの中で、「イスラエルの民とともに行ってくださる主」の姿が明らかにされています。モーセの「どうかあなたの道を教えてください」（一三節）、さらには「どうか、あなたの栄光を私に見せてください」（一八節）との迫りがきっかけで、神は自らの姿をより一層明確にモーセに示しておられるからです。主はまず次のように語られます。

「わたしは恵もうと思う者を恵み、あわれもうと思う者をあわれむ。」（一九節）

主は、自らが主権者であることを示しつつも、エジプトに対してそうであったような、力によって敵を完全に破壊するような存在ではありません。むしろ「恵みとあわれみ」に基づいて世界に対峙する存在であることを示しておられます。

続いて、イスラエルの信仰告白の土台とも言えるべき姿を自己啓示されます。

「**主**、**主**は、あわれみ深く、情け深い神。怒るのに遅く、恵みとまことに富み、恵みを千代まで保ち、咎と背きと罪を赦す。しかし、罰すべき者を必ず罰して、父の咎を子に、さらに子の子に、三代、四代に報いる者である。」（三四・六〜七）

イスラエルの民が契約を結ぶ神の本質的な姿は、背教者に対する破壊的な力を現す存在ではありません。王としての正しいさばきを行われますが、あわれみと赦しに満ちた神です。このようにして、主は、イスラエルの民が自らに従わない存在である現実を受けとめつつも、ノアとの契約においてもそうであったように、赦しをもって民に対応すると宣言されました。主のあわれみがあるからこそ、イスラエルは主の臨在を持ち運ぶ民となることができるのです。

主のあわれみと赦しに基づいてイスラエルとの関係がモーセを介して回復され、その結果、二〇章一〜一七節で結ばれた十戒に基づく契約が更新されました（三四・一〜四）。金の子牛の出来事を踏まえて偶像崇拝を避けるための新たな命令がこの契約には加えられています（一一〜二六節）。

「モーセの仲介」が鍵となって、主とイスラエルの契約が最終的に締結されました。主は、モーセこそ、神とともに歩んだノア以上に主の心にかなう者であると宣言しておられます（三三・一七）。さらに、イスラエルの民を「モーセの民」とも、「モーセとともにいる民」（三四・一〇）とも呼んでおられます。彼らは当然「主の民」ですが、モーセの存在が不可欠なのです。なぜならば、モーセの仲介なしでは、イスラエルの民が主の民となりえないからです。

こうして、モーセはイスラエルの中でも特別な立場に置かれました。モーセの顔が光を放つこと（二九〜三五節）がこのことを象徴しています。モーセはただの人間ではなく、特別な仲介者です。そういう意味で、イスラエルが神のかたちになり、使命が与えられた以上に、モーセには神のかたちが集約的に現されています。「神のかたちの中の神のかたち」と言い切ることもできるでしょう。また、人でありながら、神の臨在を民に取り次ぐことができる存在でもあります。ですから、モーセという仲介者が存在したからこそ、イスラエルは「祭司たちの王国、聖なる国民」となることができましたし、そうあり続けることが可能となったのです。

以上をまとめると、「祭司たちの王国、聖なる国民」とは、主の臨在がイスラエルの民と共にあることによって初めて実現します。そして、このことは、主があわれみ深い方であることのゆえ、そしてモーセという仲介者がいて、彼を介して結ばれた契約があるからこそ可能となったのです。

幕屋の建設

主とイスラエルとの契約が再締結されたあと、幕屋の建設が始められました（出エジプト三五〜四〇章）。イスラエルには十戒と契約の書が与えられ（二〇〜二四章）、幕屋の設計図が示されていましたが（二五〜三一章）、契約が一度は破棄されたため（三二章）、ここまで時間がかかったのです。そして、幕屋が完成したとき、主の栄光が幕屋に満ちました。

そのとき、雲が会見の天幕をおおい、主の栄光が幕屋に満ちた。モーセは会見の天幕に入ることができなかった。雲がその上にとどまり、主の栄光が幕屋に満ちていたからである。（四〇・三四〜三五）

主の臨在が民の真ん中にとどまり、主が会見の天幕からモーセに語ることによって、レビ記全体および民数記の祭儀規定が与えられます。

すでに述べてきたように、「祭司たちの王国、聖なる国民」となるために欠くことができないのが主の臨在（すなわち栄光）であり、仲介者モーセでした。今や、主の臨在は幕屋にとどまりました。

さて、「幕屋」と訳されているヘブル語は「テント」という意味ではありません。むしろ、それは本来、「住みか」とでも訳すべきことばなのです。実は、幕屋の設計図がモーセに与えられるときに、主は次のようにモーセに語っておられます。

「彼らにわたしのための聖所を造らせよ。そうすれば、わたしは彼らのただ中に住む。」（二五・八）

ここでは幕屋が「聖所」、つまり「聖なる場所」と呼ばれています。そして、そこは主が「住む」と決めておられる場所なのです。ここで「住む」と訳されている語は、ヘブル語では「幕屋」と同じ語源のことばです。ですから、本来は「（主が）住む所」と訳されるべきことばです。ですから、「聖所」はテントですが、まさにそここそ主の「住みか」だったのです。そして、主の栄光が幕屋をその「住みか」とし、この主の「住みか」とともにイスラエルの民が旅を続けるならば、主の臨在は民の間に現実となり、彼らが「祭司たちの王国、聖なる国民」となる使命を果たすことができます。このようにして、エデンの園のときにそうであったように、神が民とともに歩み始められました。そして、主の臨在のゆえに、民は神のかたちとしての歩みを始めることができたのです。

民の間に住む神の臨在が移動可能の幕屋によって表されていることにも注目する必要があります。幕屋は移動が可能ですから、民とともにどこにでも移動できます。つまり神の臨在は、どこか一か所に固定されるのではなく、民とともに進むことができるのです。必要があれば、神の臨在は幕屋から離れることによって民から離れ、また幕屋に戻ることによって民のところに帰って来ることができます。ですから、幕屋が民の間にあり続け、かつ、主がそこをご自身の住みかとし続けているかぎり、民がどこにいても、シナイ山で現れた主の栄光の臨在は民には現実のものとなりました。

さて、幕屋建設とモーセを介した契約が締結されたとき、この契約のしるしは安息日であることが明記されています（出エジプト三一・一二～一七、三五・一～三）。イスラエルの民が安息を守ることによって、自らが主によって聖別された民であることを示し、主が王であることを告白し、主と結ばれた「永遠の契約」（三一・一六）を思い起こすのです。安息日は、創世記一章一節～二章三節での神の天地創造の七日目で、もうすでに登場しています（二・二～三）。また、十戒においても守ることが命じられています（出エジプト二〇・八～一一）。そして、虹がノアとの永遠の契約のしるしであり、割礼がアブラハムとの永遠の契約のしるしであるように、安息日はモーセを介したイスラエルとの永遠の契約のしるしとなるのです。

「イスラエルの子らはこの安息を守り、永遠の契約として、代々にわたり、この安息を守らなければならない。」（出エジプト三一・一六）

　このようにして、安息日をイスラエルが守ることによって、イスラエルの民の真ん中に主が住んでいることが彼らの間のみならず、その周りの諸国にも明らかにされます。ですから、安息日は、単なる休暇ではなく、主が王として民の間にとどまっておられることを証しするしるしなのです。

　モーセを介した契約を考えるとき、神はイスラエルの民を神のかたちに回復しようとしておられることがわかります。彼らが律法という規範に則って地上で生きるとき、神が彼らの間にとどまってくださり、その結果、彼らは神の代理として、神の祝福を諸国に与えることができるからです。ただし、神のかたちとして地上でその使命を果たすためには、イスラエルの民自身が天と地の重なり合う場所になる必要があります。ですから、幕屋が彼らの真ん中に置かれ、そこに主の栄光が宿ることによって、このことを実現するのです。幕屋そのものも、神の指示に基づいて人の手によって造られたものですから、天と地が重なり合う場です。そして、イスラエルがそのように歩むことを可能とするために、モーセは神のかたちを集約的に自らの身に現します。つまり、モーセ自身も幕屋と同じように、イスラエルに対する天の神の臨在を現す存在となります。こうしてモーセを通してもイスラエルは神のかたちとしての使命を果たすことができるように整えられていったのです。

三　ダビデとの契約

神の願いは、エジプトから解放され、主の民となったイスラエルが諸国民を祝福する使命を果たすことでした。ただし、出エジプト以来の出来事から、イスラエル自身が祝福の手段であると同時に、問題そのものであることも明らかでした。シナイ山を旅立った直後、荒野をたどるなかで彼らは主を信頼しませんでした。その結果、四十年間の荒野の放浪が定められました（民数記）。けれども、この四十年間は新しい世代の誕生の時代でもありました。神は荒野の放浪の中で新しい世代を生み出し、モアブの野に到着した彼らにモーセを通して律法を思い起こさせ、約束の地を受け継ぐことができるようにお整えになりました（申命記）。そして、モーセの死後、ヨシュアのもと、民は律法に従うことを通して、約束された土地を獲得することができました（ヨシュア記）。一方で、律法への従順を忘れ、他の神々に従うことがあったのも事実です。そして、その結果、諸国から苦しめられることもイスラエルは経験していきました。それでも契約の主のあわれみが民を導き、イスラエルはその地で生き延びることができました（士師記）。ただし、イスラエルを通して世界の民に祝福が広がっていったとは言えませんでした。むしろ、イスラエル自身にも彼らの周りの世界にも無秩序が満ちていったのです。

王制の誕生

紀元前一〇〇〇年ごろ、イスラエルの民は山地帯に広がって住んでいました。ところが、エーゲ海近辺からパレスチナに移住し、その海岸平野に大きな町を建てたペリシテ人たちはより良い農作地を手に入れようと、山地に住むイスラエルの民を侵攻して来ました。そこで、イスラエルの十二部族は他国と同じように王制を敷き、中央集権による強大な軍隊をもつことを決めました。自分たちを守るためです。そして、主の選びと民の信認に基づいてイスラエルの最初の王となったのがサウルでした。

サムエル記第一、八章を読むと、当初、王制は、イスラエルにとって異質のものであったことがわかります。直前の時代のさばきつかさは、ある部族を治め、彼らの戦いを導く程度の権力しかもっていませんでした。また、多くの部族が共に戦うのではなく、むしろ、各部族が独自の考えで行動することもありました。ところが、王はイスラエルのすべての部族を治め、自身の遣わす役人が伝える自身の意向に従うことをすべての部族が求めます。各部族が王によってまとめられるならば、より強力な軍事力で敵に当たることができるでしょう。そして、ペリシテ人からの侵略に立ち向かえることができます。しかし、王制は、各部族がもつ自由を制限するのです。

部族間の政治的な問題に加えて、王制は二つの大きな問題を抱えていました。まず、王の登場はイスラエルが「他の国民のよう」になることでした。イスラエルの長老たちは次のようにサムエルに語っています。

「ご覧ください。あなたはお年を召し、ご子息たちはあなたの道を歩んでいません。どうか今、ほかのすべての国民のように、私たちをさばく王を立ててください。」（Ｉサムエル八・五）

彼らはイスラエルが周辺諸国と同じようになることを求めていました。もう一つの問題は、王制を求めること自体が、主が王であることを認めないことだという点です。民のことばを主に伝えたサムエルに対して、主は次のように語っておられるからです。

「民があなたに言うことは何であれ、それを聞き入れよ。なぜなら彼らは、あなたを拒んだのではなく、わたしが王として彼らを治めることを拒んだのだから。」（七節）

つまり、王制の導入で問われるのは、「祭司たちの王国、聖なる国民」となるべきイスラエルが王制を敷くことは適切なのか、という点です。他の国々とは異なって初めて、イスラエルは神のかたちとしての使命を諸国の間で果たすことができるのです（出エジプト三三・一六）。それが、同じような存在となって大丈夫なのでしょうか。

サムエルは王制の問題を指摘していましたし、主も王制を敷くことに対して好意的ではありませんでした（Ⅰサムエル八・七～九）。しかし、最終的に主は、イスラエルに王制を敷くことを容認されました。

主はサムエルに言われた。「彼らの言うことを聞き、彼らのために王を立てよ。」（二二節）

不承不承の承認であるかのような応答です。

イスラエルの初代の王であるサウルは、このようないきさつから王として任命されました。ところが、彼はその治世の初めから主に従うことをしようとはしませんでした。その結果、サウル一族は一代で王位を去らなければならなくなりました。

ダビデの家と主の家

サウルの次に主が王として選んだのがダビデでした。主が契約を結んだのは、このダビデとその子孫です。この契約は、サムエル記第二、七章一二～一六節に登場しています。

「あなたの日数が満ち、あなたが先祖とともに眠りにつくとき、わたしは、あなたの身から出る世継ぎの子をあなたの後に起こし、彼の王国を確立させる。彼はわたしの名のために一つの家を建て、わたしは彼の王国の王座をとこしえまでも堅く立てる。わたしは彼の父となり、彼はわたしの子となる。彼が不義を行ったときは、わたしは人の杖、人の子のむちをもって彼を懲らしめる。しかしわたしの恵みは、わたしが、あなたの前から取り除いたサウルからそれを取り去ったように、彼から取り去られることはない。あなたの家とあなたの王国は、あなたの前にとこしえまでも確かなものとなり、あなたの王座はとこしえまでも堅く立つ。」(七・一二〜一六)

主がダビデに世継ぎを与え、彼の王国は確立するという約束、すなわち、イスラエルにおけるダビデ王家の設立の約束がここに記されています。今後、ダビデの子孫がイスラエルの王座に就き続けるのです。これは、サウルに対しての態度と大きく異なります。なぜならば、ダビデの子孫が不義を行ったときに主はその人を罰しますが、王家そのものを滅ぼすことはなく、その子孫が長く王としてこの地に君臨し続けると約束しておられるからです。事実、ダビデはバテ・シェバの件で大きな問題を起こしました。後にソロモンは諸国の神々を崇拝するようになりました。それでもなお、主はダビデ王家を捨てられなかったのです。ですから、ダビデとの契約においては、神の一方的な選びが強調されています。
「無条件の約束」とも言えるでしょう。この選びの背景には、出エジプト時に荒野において現された神のあわれみがあることは明白です。

「主、主は、あわれみ深く、情け深い神。怒るのに遅く、恵みとまことに富み、恵みを千代まで保ち、咎と背きと罪を赦す。しかし、罰すべき者を必ず罰して、父の咎を子に、さらに子の子に、三代、四代に報いる者である。」（出エジプト三四・六〜七）

罰は与える、しかし、あわれみと恵みはそれを超えます。主がこのように約束して、一方的に選ばれたのですから、今後は、ダビデ王家以外の王はイスラエルにとってふさわしくはありません。イスラエルを諸国から選ばれた主は、今度はイスラエルからダビデ王家を選ばれました。

主がダビデと結ばれた契約の特徴はサムエル記第二の最後のことばにも表されています。

主の霊は私を通して語り、
そのことばは私の舌の上にある。
イスラエルの神は仰せられた。

イスラエルの岩は私に語られた。
「義をもって人を治める者、
神を恐れて治める者。
その者は、太陽が昇る朝の光、
雲一つない朝の光のようだ。
雨の後に、地の若草を照らす光のようだ。」
まことに私の家は、このように神とともにある。
神が永遠の契約を私と立てられたからだ。
それは、すべてのことにおいて備えられ、
また守られる。
神は、私の救いと願いを、
すべて育んでくださるではないか。（二三・二〜五）。

サウルは王として問題があったからこそ、王位を追われ、彼の子孫はその王位を継ぐことがありませんでした。ところが、ダビデもサウルと同じような問題を抱えていました。さらに、王制という制度そのものにも問題がありました。しかし、主は最終的には王制を受け入れ、王制を用いてご自身の計画を果たすために、ダビデと「永遠の契約」を結ばれたのです。ノアとの契約（創世九・一六）、およびアブラハムとの契約（同一七・七、一三、一九）も「永遠の契約」と呼ばれていました。つまり、「永遠の契約」と呼ばれることによって、ダビデと主が結ばれた契約はこれら二つの契約と密接に結びついていることが示唆されているのです。

さて、サムエル記第二、七章におけるダビデと主との契約は、ダビデとその王家についてのみ述べているわけではありません。また、ダビデ王家との契約のゆえに、シナイ山でのモーセを介した契約を破棄したのでもありません。むしろ、ダビデとの契約は、イスラエルと主がモーセを介してシナイ山で結んだ契約を実現するために主が新たに選ばれた手段と考えるべきです。

「わが民イスラエルのために、わたしは一つの場所を定め、民を住まわせてきた。それは、民がそこに住み、もはや恐れおののくことのないように、不正な者たちも、初めのころのように、重ねて民を苦しめることのないようにするためであった。それは、わたしが、わが民イスラエルの上にさばきつかさを任命して以来のことである。こうして、わたしはあなたにすべての敵からの安息を与えたのである。」（一〇〜一一節）

ダビデとの契約はイスラエルの安息と直結しています。そして、イスラエルにおいて設立された王制は、イスラエルが律法によって統治されるために与えられた、神からの賜物です。「ダビデは全イスラエルを治めた。ダビデはその民のすべてにさばきと正義を行った」（同八・一五）とあるように、政治的判断における公正なプロセス（「さばきと正義」）が実行され、その結果、律法によってイスラエルが統治されるために王が立てられたのです。

なお、ダビデの王位を奪おうとしたアブサロム自身、「だれか私をこの国のさばき人に立ててくれないだろうか。訴えや申し立てのある人がみな、私のところに来て、私がその訴えを正しくさばくのだが」（同一五・四）と語っています。自分こそがさばきと正義を行い、イスラエルに安息を与える者だ、と豪語したのです。このことからも、「さばきと正義」は王制において重要なことがわかります。

ダビデとその王家の者が「さばきと正義」（同八・一五）を行う王となることによって、モーセを介した契約での焦点であるイスラエルにおけるさばきと正義の執行が現実となり、イスラエルの民は神のかたちとして諸国を祝福します。王に与えられた使命の一つは、律法を通してイスラエルの民を神のかたちに整えることでした。

さらに、ダビデとの契約において、神殿の建立が大切な位置を占めます。サムエル記第二、七章の出来事は、王であるダビデが主のための神殿を建てたいという思いをもつことから始まっています。そこで、主がダビデに対して、「**主**はあなたに告げる。**主**があなたのために一つの家を造る、と」（一一節）と語り、ダビデとその子孫を表すことばとして

「家」を用いている一方で、その直後に、「彼はわたしの名のために一つの家を建て、わたしは彼の王国の王座をとこしえまでも堅く立てる」（一三節、傍点筆者）と語り、今度は同じ「家」ということばを用いて主の住む家、神殿を表しています。ダビデ王家と神殿の二つを「家」という一つのことばで結びつけることによって、王家と神殿の密接な関わりを示唆しているのです。

　モーセを介した契約では、この地上において主は幕屋にとどまられました。荒野における放浪の際にこのことが始まったことからもわかるように、幕屋は可動式です。神が民とともに自由に動くことができることを象徴しています（六節）。一方で、神殿をエルサレムに建設することは、地上において神のとどまられる場所が、ある特定の一か所に固定されることを意味します。もはや民は移動しませんし、民とともに神が移動することもありません。ですから、神殿をエルサレムに建てることによって、神の自由を奪うということも考えられます。

　さらに、ソロモンが建立する神殿の建築様式を注意深く周囲の地域の神殿と比較検討すると、神殿という存在そのものが諸外国の方法に基づくものであることがわかります。諸外国で王が行うべき最初のことの一つとして神殿建設が一般的でしたから、ダビデが諸外国のようになることを目指したことも容易に想像できるでしょう。王制が諸外国の模倣であったように（Ⅰサムエル八章）、神殿も諸外国の模倣なのです。

しかし、王家の設立を認めた主は神殿の建設をもお認めになりました。ただし、ダビデではなく彼の子どもに許可を与えておられます。

「あなたの日数が満ち、あなたが先祖とともに眠りにつくとき、わたしは、あなたの身から出る世継ぎの子をあなたの後に起こし、彼の王国を確立させる。彼はわたしの名のために一つの家を建て、わたしは彼の王国の王座をとこしえまでも堅く立てる。」(七・一二〜一三)

主にとって最も大事なのはダビデの王家の設立でした。神殿建設はそれに付随するものにすぎません。確かに、神殿の保持が永遠であるとは主は約束しておられません。ですから、神殿が仮に破棄されたとしても、王家が続くかぎりイスラエルには希望があるのです。

ソロモンの神殿

ダビデの後をその息子ソロモンが継ぎ、イスラエルの王となりました。彼の最大のプロジェクトは神殿建築でした(I列王五〜九章)。神殿建設そのものは、すでに述べたように、イスラエル独自のものではなく、古代中近東の数多くの国において広く行われていたものです。そして、イスラエルの神殿建築には、地中海沿いの国ツロが深く関わっています。

ツロの王ヒラムから譲られたレバノンの香柏を用い（五・一～一二）、ツロの青銅細工人ヒラム（王と同名）がその什器備品を作成したからです（七・一五～四七）。たとえば、神殿の形式、つまり、玄関、聖所（もしくは拝殿）、そして至聖所（もしくは本殿）の三つが一直線に並ぶ形式は、ソロモンとそれほど変わらない時代にシリアで建築されたバアル神の神殿と同じものでした。ただし、イスラエルの神殿は諸外国と大きな違いが一つありました。至聖所に像がなく、契約の箱だけが置かれていた点です（八・九）。ですから、周囲の形式を踏襲しつつも、他の神々とは全く異なる、天と地を創造された神、主のための神殿として、その特異性を維持していたのです。

ソロモンが神殿を建立した後、かつては幕屋に置かれていた契約の箱が祭司たちによって神殿に持ち運ばれました（八・一～六）。そして、契約の箱を安置した祭司たちが聖所から外へ出たとき、そこには次のような光景が広がりました。

　祭司たちが聖所から出て来たとき、雲が主の宮に満ちた。祭司たちは、その雲のために、立って仕えることができなかった。主の栄光が主の宮に満ちたからである。（一〇～一一節、傍点筆者）

雲は主の栄光を表しています。そのような雲が、主の宮、至聖所も聖所も、そして神殿の周りも満たしたのです。この出来事は、シナイの荒野でイスラエルの民が幕屋を建設し、そこに契約の箱を収め、ささげ物を献げたときに起こったことと全く同じです。

そのとき、雲が会見の天幕をおおい、**主**の栄光が幕屋に満ちた。モーセは会見の天幕に入ることができなかった。雲がその上にとどまり、**主**の栄光が幕屋に満ちていたからである。（出エジプト四〇・三四～三五、傍点筆者）

つまり、荒野を旅するイスラエルの民の真ん中に居を構えていた主は、約束の地に定住した民の真ん中であるエルサレムの神殿に居を構えられたのです。神は、ご自身の臨在がエルサレムという特定の場所に偏ってとどまることを受け入れられたわけです。

天地の創造者である神が、地のある特定の場所、つまりエルサレムの神殿に居を構えられる、ということは驚くべきことです。幕屋ではなく、エルサレムの神殿が特別な場所、天におられる神が地に居を構え、人と出会う場所となったのです。そして、そこからイスラエルは当初から委ねられた使命を果たしていくのです。

ただし、都に神殿が置かれ、ある特定の場所が天と地の重なる特別な場所になるこの出来事には、大きな危険性が伴っていました。ソロモンは次のことばは、注意が必要です。

主は、黒雲の中に住む、と言われました。
私は、あなたの御住まいである家を、
確かに建てました。
御座がとこしえに据えられる場所を。（Ⅰ列王八・一二〜一三）

王（「私は……確かに建てました」）が天と地の重なる特別な場所を建築したということを述べている宣言です。しかし、暗に、ソロモンが神殿を管理運営し、それゆえに神をも管理運営しているかのように聞こえる可能性も内包しています。

けれども、主は、王の権力によって飼い慣らされるような方ではありません。王制がイスラエルに敷かれて以降、神は神の人である預言者を送り、彼らを通して語り、わざをなすことによって、神を自分の思いどおりに動かそうとする人々に警告を与えられました。そのことが、ソロモン以降の王国の歴史に如実にあらわされています。

C　解決の手段が問題そのものとなる──民の間から去る神、約束の地から離れる民

ダビデの子のもとで王国イスラエルが形成され、そこに「天と地が出会う場所」である神殿が建立されました。イスラエルはその後、着実に主の祝福を諸国民へと広げていく王

国、神のかたちに生きる民になっていったのでしょうか。

そうではありませんでした。ソロモンの死後、王国は南北二つに分裂しました。ソロモンの子レハブアムが南王国ユダを継承しましたが、彼の支配下にとどまったのはユダとベニヤミンの二部族だけでした。残りの十部族はダビデ王家の者を王とはせず、ヤロブアムを王とし、北王国イスラエルを形成しました。このようにして、二つの王国はそれぞれの道を進んでいきました。南王国では、ダビデの家の者が、ある特定の一時期を除いて王として立てられていました。北王国では、クーデターが繰り返され、王家は移り変わっていきました。

二つの王国のそれぞれのその後の歩みはどうだったのでしょうか。

列王記の記者は、北王国の王のだれ一人をも肯定的に評価していません。なかでも、北王国最初の王であるヤロブアムの評判は最悪でした。統一王国の都であったエルサレムから宗教的に独立することを目指した彼は、宗教の中心地を分散するために、王国の北方のダンおよび南方のベテルの聖所を復活しました。金の子牛を造り、これらの聖所に置きました。この金の子牛こそイスラエルをエジプトから導き上った神であると宣言したヤロブアムは、エルサレムでもたれていた祭りを、別の季節にベテルで執行しました（I列王一二・二五〜三三）。ヤロブアムが礼拝していたのは、イスラエルの神である主です。しかし、被造物の形になぞらえることなどできない方、自らの像を造ることを禁じられた方を金の子牛――当時、力ある神を表す動物――で表現してしまいました（出エジプト三二章参照）。これは十戒に反するものであって、主を捨て去った証拠です（Ｉ列王一四・九）。

その後、北王国は、彼らの神である主に対して罪を犯し続けました。イスラエルのまことの王である主の掟に従わず、諸国の掟に、そして国を統治していたイスラエルの王たちの定めた掟に従いました。その結果、申命記二八章に描かれていたのろいが襲いかかってきました。

しかし、もしあなたの神、**主**の御声に聞き従わず、私が今日あなたに命じる、主のすべての命令と掟を守り行わないなら、次のすべてののろいがあなたに臨み、あなたをとらえる。（一五節）

そして、王国が分裂して二百年ほど経った紀元前七二一年、申命記に記されているとおり、イスラエルの指導者たちはアッシリアへ捕囚されました。

主は、あなたと、あなたが自分の上に立てた王とを、あなたも、あなたの先祖たちも知らなかった国に行かせる。あなたはそこで木や石の、ほかの神々に仕える。**主**があなたを追いやられる先の、あらゆる民の間で、あなたは恐怖のもと、物笑いの種、な

ぶりものとなる。（二八・三六〜三七）

南王国はどうだったでしょうか。北王国滅亡後、ヒゼキヤやヨシヤという王を通して、一時期、その勢いは回復しましたが、ヨシヤの死後、国は急速に傾いていきました。そして、紀元前五八六年、エルサレムはバビロン軍に取り囲まれ、その城壁は破壊され、逃亡しようとした王はバビロンに連行され、神殿と王宮は火で焼かれ、都は廃墟と化しました（Ⅱ列王二五・一〜一二）。王国は滅亡しました。北王国の上に起こった出来事から、南王国は十分に学ばなかったのです。

なぜこのようになったのでしょうか。世界の問題を解決するために、神はアブラハムを選び、モーセを介してイスラエルの民と契約を立て、ダビデと契約を結びました。そして、神ご自身が幕屋に、そして神殿にその栄光を現し、イスラエルの民の中に住まれたのです。そして、天と地を結びつける存在、つまり神のかたちとして地上に置かれたイスラエルの民は、本来ならば、神の祝福を仲介し、諸国民に祝福を広げるはずでした。ところが、彼らは逆にのろわれた存在となってしまいました。なぜなのでしょうか。

それは、イスラエルが主の律法に従わなかったからです。確かに、幕屋の建設を通して、さらに神殿の建設を通して、天地を創造された神の強力で聖なる臨在がイスラエルの間で確立されました。しかし、イスラエルの間にとどまった主の栄光が継続して民の間に存在し続けて初めて、神のかたちとしての召命をいただいたイスラエルの使命は果たされるのです。そのために求められていたのが、イスラエルの継続した聖別でした。レビ記から民数記、そして申命記にわたる律法の記事は、聖なる神の臨在が継続されるためにイスラエルに求められていることです。様々な祭儀と様々な規範は、民がこの主の栄光の臨在と適切に関わり続けることを可能とする方法でした。そして、主の栄光の臨在が民の中に継続してとどまって初めて、神の住みかである幕屋から祝福があふれ流れるようになり、彼らは神のかたちとしてその使命を果たすことができるのです。

イスラエルの聖別が継続されないとき、どうなっていくのでしょうか。

その一つめが、レビ記一〇章一～三節に書かれている出来事です。

さて、アロンの子ナダブとアビフはそれぞれ自分の火皿を取り、中に火を入れ、上に香を盛って、主が彼らに命じたものではない異なる火を主の前に献げた。すると火が**主**の前から出て来て、彼らを焼き尽くした。それで彼らは**主**の前で死んだ。モーセはアロンに言った。「**主**がお告げになったことはこうだ。

『わたしに近くある者たちによって、

わたしは自分が聖であることを示し、

民全体に向けて

わたしは自分の栄光を現す。』」

アロンは黙っていた。

主の栄光を重んじず、それを普通の何かのように扱い、主の命に従わなかった者たちは、主の臨在によって破滅させられました。

もう一つの出来事は、エゼキエル書に書かれています。エゼキエルは、エルサレムの神殿に関する幻を見ました（エゼキエル八章）。驚くことに神殿で偶像崇拝が行われていたのです（五～一六節）。その結果、主はエゼキエルに次のように語っておられます。

この方は私に言われた。「見たか、人の子よ。ユダの家にとって、彼らがここでしているような忌み嫌うべきことをするのは、些細なことだろうか。彼らはこの地を暴虐で満たし、わたしの怒りをいっそう駆り立てている。見よ、彼らはぶどうのつるを自分たちの鼻にさしているではないか。だから、わたしも激しい憤りをもって応じる。わたしはあわれみをかけない。わたしは彼らを惜しまない。彼らがわたしの耳に大声で叫んでも、わたしは彼らの言うことを聞かない。」（一七～一八節）

イスラエルは、主以外の何ものかに救いと平和を求めるようになりました。その結果、地は暴虐で満たされてしまいました。それゆえに、エルサレムへの主のさばきが始まります（九章）。本来は「聖なる場所」であるべき神殿が、「汚れた場所」（「大きな忌み嫌うべきこと」〔八・六〕）となり、主から、「神殿を汚せ」（九・七）とまで言われるくらい墜ちてしまったからです。「汚れた場所」となってしまった神殿の運命は、破壊のみです。暴虐で満ちた地に訪れたさばきは、ノアの時代の洪水を思い起こさせます。

さて、主の栄光は、このあと神殿の敷居へと移り（同三節）、神殿の敷居から出て行きます。さらに、ケルビムとともに神殿の東の門の入り口まで行き、そこで立ち止まります（一〇・一八～一九）。このようにして、神の栄光が神殿から去った後に、エルサレムに残っている者たちへの他国人の手による厳粛なさばきが描かれるのです（一一・一～一三）。律法に生きない民の真ん中にあった主の臨在は、神殿の汚れのゆえに、そこから離れて行き、結果的に、汚れている神殿は殺戮と破壊によってさらに汚れていくのです。主の栄光はエルサレムから去り、イスラエルの民も約束の地を離れて行きます。これがバビロン捕囚で起こった出来事です。

こうして、主の栄光の臨在は民の間から離れ、民はもはや神のかたちとしての使命を果たすことができなくなりました。

D　主の帰還を待ち望む

神の民には、神のかたちとしての使命が与えられていました。しかし、イスラエルとユダの歴史は、むしろその民の失敗であふれています。紀元前七二一年、北王国イスラエルの都サマリアはアッシリア軍によって陥落しました（Ⅱ列王一七章）。そしてバビロン軍は、紀元前五八六年、南王国ユダの都エルサレムを瓦礫の山としました。都は廃墟となり、神殿は崩れ落ち、国を治める王はもはや存在しません。神の民は散らされました。アブラハムとの契約、モーセを介しての契約、そしてダビデとの契約はどうなったのでしょうか。イスラエルを通して諸国民を祝福し、ついには全被造物を回復するという神のご計画は、頓挫したのでしょうか。

イスラエルとユダが列強諸国の争いの中で振り回される王国時代、まさに危機の時代に活躍したのが預言者たちです。彼らは、主のことばをイスラエルに語りました。人が語ったことばですが、それは同時に「主」が語ったことばでした。王国が当時の列強諸国によって滅ぼされることを警告する一方で、イスラエルの不信にもかかわらず、神の計画は前進していくことをも預言者たちは語っています。ですから、預言者たちも「神殿」のような存在でした。地上に住むひとりの人でありながら、天におられる神のみこころに直接アクセスでき、天で語られていることばを地に取り次ぐからです。それとともに、彼らは預言者として民の祈りを主に取り次ぐ者でもありました。

さて、エルサレムがバビロンによって滅ぼされる現場にエレミヤは立ち会っていました。エルサレムに襲いかかる危機の到来も繰り返し語っていました。そして、彼の人生はこの一連の出来事の中で翻弄されました。そのような彼が次のように語っています。

「見よ、その時代が来る——主のことば——。そのとき、わたしはイスラエルの家およびユダの家と、新しい契約を結ぶ。その契約は、わたしが彼らの先祖の手を取って、エジプトの地から導き出した日に、彼らと結んだ契約のようではない。わたしは彼らの主であったのに、彼らはわたしの契約を破った——主のことば——。これらの日の後に、わたしがイスラエルの家と結ぶ契約はこうである——主のことば——。わたしは、わたしの律法を彼らのただ中に置き、彼らの心にこれを書き記す。わたしは彼らの神となり、彼らはわたしの民となる。彼らはもはや、それぞれ隣人に、あるいはそれぞれ兄弟に、『主を知れ』と言って教えることはない。彼らがみな、身分の低い者から高い者まで、わたしを知るようになるからだ——主のことば——。わたしが彼らの不義を赦し、もはや彼らの罪を思い起こさないからだ。」（エレミヤ三一・三一～三四）

モーセを介して結ばれたシナイ山での契約が更新されるのです。そして、石の板に書かれていた律法は、イスラエルの人の心に書き記されます。もはや教える必要もなく、教えられなくても人々は主に従うことができるようになるのです。
同時期にバビロンに捕囚されていたエゼキエルは、バビロン軍によって破壊された神殿が再建される幻を見ています（エゼキエル四〇～四八章）。そして、一度は神殿から去って行った主の栄光が神殿に帰還する、と語っています。

彼は私を東向きの門に連れて行った。すると見よ、イスラエルの神の栄光が東の方から現れた。その音は大水のとどろきのようで、地はその栄光で輝いた。私が見た幻は、かつて主がこの町を滅ぼすために来たときに私が見た幻のようであり、またその幻は、かつて私がケバル川のほとりで見た幻のようでもあった。私はひれ伏した。**主**の栄光が東向きの門を通って神殿に入って来た。霊が私を引き上げ、私を内庭に連れて行った。なんと、**主**の栄光が神殿に満ちていた。（エゼキエル四三・一～五）

そして、新しく再建された神殿のある町は、「**主**はそこにおられる」（四八・三五）と呼ばれるようになります。イスラエルはもう一度、自分たちに与えられた使命を全うできるのです。主の栄光が彼らの真ん中にとどまるからです。

その時代を経験した預言者たちは、破壊の悲劇の到来を警告しました。それとともに、イスラエルの不信と二つの王国の滅亡さえも主のご計画をさえぎることはできないと語っています。つまり、主は捕囚さえも用いて、ご自身の計画を進めていかれるのです。王国時代という激動の時に登場したもう一人の預言者がイザヤです。彼が願っているのは王の到来です（イザヤ一一・一〜九）。エッサイの息子であるダビデから生み出された王家は、主がかつて約束されたように途絶えることはありません（Ⅱサムエル七章）。そして、イザヤが語る王の上に主の霊がとどまります。

その上に**主**の霊がとどまる。
それは知恵と悟りの霊、
思慮と力の霊、
主を恐れる、知識の霊である。（イザヤ一一・二）

自らの王国のみならず世界の諸国を統治するのに必要な知恵、識別力、忠告を受けとめる能力、そして力そのものを与える神の霊がこの王の上に下ります。つまり、ダビデの子は、主の霊と一体となり、主の霊に導かれ、神のわざをこの地上で行うのです。

この王の姿にも神のかたちが現れています。来たるべき王であるダビデの子の働きは、人のわざです。しかし、この王が、主を知り、主の知恵と力に満たされ、主でしかできないようなわざを王として地上で行うようになります。そして、ダビデの王国と諸国が正しく統治され、正義と公正と真実がそこに満ちるのです。つまり、主が地上において正義と公正と真実をなさるように、主に遣わされた王は自らの国と諸国を導くのです。主の統治が、主の霊がとどまった王によってこの地に実現するのです。このようにして、天における神の統治が、地に置かれた神のかたちであるダビデの子によって地上で実現します。

イザヤは、ダビデの子の統治から平和が生み出される姿を美しく描いています。

狼は子羊とともに宿り、
豹は子やぎとともに伏し、
子牛、若獅子、肥えた家畜がともにいて、
小さな子どもがこれを追って行く。
雌牛と熊は草をはみ、
その子たちはともに伏し、
獅子も牛のように藁を食う。
乳飲み子はコブラの穴の上で戯れ、
乳離れした子は、まむしの巣に手を伸ばす。

わたしの聖なる山のどこにおいても、
これらは害を加えず、滅ぼさない。
主を知ることが、
海をおおう水のように地に満ちるからである。（六〜九節）

聖なる山における平和な動物の王国が描かれています。この預言は、主を知る知識をもつダビデの子によってもたらされる諸国の平和の比喩です。殺し合い、傷つけ合った諸国が平和に共存するようになるからです。ダビデの子の統治から生み出される平和です。

それとともに、これは文字どおり、全被造物が回復され、新しい地を創造する主のわざが実現することを指し示しています。本来はイスラエルに与えられていた神のかたちとしての働きを、ここではダビデの子が遂行した結果、神を知る知識が満ちあふれた世界が誕生し、諸国も、全被造物も平和に歩むのです（九節）。

イザヤの預言をさらに読み進めるときに、この平和の国の到来に至る道の新たな特徴が描かれています。

まず、諸国民の回復は、苦難のしもべであるイスラエルを通してなされるということです。五二章一三節〜五三章一二節に描かれている主のしもべについて、次のように書かれています。

まことに、彼は私たちの病を負い、
私たちの痛みを担った。
それなのに、私たちは思った。
神に罰せられ、打たれ、苦しめられたのだと。
しかし、彼は私たちの背きのために刺され、
私たちの咎のために砕かれたのだ。
彼への懲らしめが私たちに平安をもたらし、
その打ち傷のゆえに、私たちは癒やされた。（五三・四～五）

ここで言われている「私たち」とは、主のしもべの姿を見て驚きおののいた多くの国々と王たち（五二・一五）です。捕囚は確かにイスラエルの罪に対する刑罰でした。それとともに、イスラエルの中には、主に従い続けていたのに苦しめられた人々がいます。そこには預言者も含まれるでしょう。そのような忠実なイスラエルの苦しみを通して、全世界の民の罪と咎が癒やされたと、諸国が告白しているのです。

二つめに、ダビデとの契約は肯定されつつも、それをイスラエルの民が継承します。

耳を傾け、わたしのところに出て来い。
聞け。そうすれば、あなたがたは生きる。
わたしはあなたがたと永遠の契約を結ぶ。
それは、ダビデへの確かで真実な約束である。
見よ。わたしは彼を諸国の民への証人とし、
諸国の民の君主とし、司令官とした。
見よ。あなたが、
あなたの知らない国民を呼び寄せると、
あなたを知らない国民が、
あなたのところに走って来る。
これは、あなたの神、**主**、
イスラエルの聖なる者のゆえである。
主があなたを輝かせたからだ。（五五・三〜五）

ここで描かれている捕囚期後のイスラエルの姿には、エルサレムに立つ王はいません。「油注がれた者・メシア」は、ダビデの子ではなく、ペルシア王キュロスです（四五・一）。むしろ、一人のダビデの子が王となるのではなく、イスラエルが全体として諸国の王とな

統治を行い、公正と正義を確立するのです。そして、イスラエルによる神殿の再建を通して、イザヤ書の最初に示されていた幻が実現します。

終わりの日に、
主の家の山は山々の頂に堅く立ち、
もろもろの丘より高くそびえ立つ。
そこにすべての国々が流れて来る。
多くの民族が来て言う。
「さあ、主の山、ヤコブの神の家に上ろう。
主はご自分の道を私たちに教えてくださる。
私たちはその道筋を進もう。」
それは、シオンからみおしえが、
エルサレムから主のことばが出るからだ。
主は国々の間をさばき、
多くの民族に判決を下す。
彼らはその剣を鋤に、
その槍を鎌に打ち直す。

国は国に向かって剣を上げず、
もう戦うことを学ばない。（二・二〜四）

主が行うさばきをダビデとの契約を引き継いだイスラエルが行い、その結果、諸国に平和が訪れます。苦難のしもべであるイスラエルが王となり、世界と被造物に平和がもたらされるのです。

三つめに、イスラエルのエルサレム（シオン）への帰還はとりもなおさず、主のシオンへの帰還です。

シオンに良い知らせを伝える者よ、
高い山に登れ。
エルサレムに良い知らせを伝える者よ、
力の限り声をあげよ。
声をあげよ。恐れるな。
ユダの町々に言え。
「見よ、あなたがたの神を。」
見よ。**神**である主は力をもって来られ、その御腕で統べ治める。
見よ。その報いは主とともにあり、
その報酬は主の御前にある。（四〇・九～一〇）

主がエルサレムに戻られ、そこで全世界への統治が始まります。この統治を主は神のかたちとしての働きをするイスラエルに委ねられます。そして、主がエルサレムに戻られるとき、全被造物も更新されます。

まことに、あなたがたは喜びをもって出て行き、
平安のうちに導かれて行く。
山と丘は、あなたがたの前で喜びの歌声をあげ、
野の木々もみな、手を打ち鳴らす。
茨の代わりに、もみの木が生え、
おどろの代わりにミルトスが生える。
これは主の記念となり、
絶えることのない永遠のしるしとなる。（五五・一二～一三）

アダムとエバのわざのゆえに、荒れ地となってしまった世界（茨とおどろ）が、主とイスラエルの帰還を通して、もみの木とミルトスが生える楽園に変わります。

さらに、新しい天と新しい地の誕生があります。全被造物の更新です。そのときにもなお、主の栄光はエルサレムに臨在するのです。

見よ、わたしは新しい天と新しい地を創造する。
先のことは思い出されず、心に上ることもない。
だから、わたしが創造するものを、
いついつまでも楽しみ喜べ。
見よ。わたしはエルサレムを創造して喜びとし、
その民を楽しみとする。（六五・一七〜一八）

主はエルサレムに主の民とともにおられ、そこからの統治が世界に全くの新しさをもたらすのです。

歴史的に見ると、バビロンに捕らえ移された民の一部はペルシアの統治下、エルサレムに帰還します（紀元前五三六年から）。神殿も確かに再建されます。イスラエルは帝国の支配からの部分的な独立を味わいます。しかし、預言者たちのことばが現実にはなりません

でした。主の栄光が神殿に戻らず、エルサレムから始まる神の王国が世界を統治することはなかったからです。様々な戦いがありましたが、「いつ捕囚からの回復が行われるのか、いつ主がエルサレムに戻られるのか」と人々が問い続ける時代が数百年、捕囚からの帰還の後も続きました。そして、物語は、次の幕へと進みます。

〈まとめ〉

一　神への反逆をやめない諸国民へ主の祝福を届けるために、神はアブラハムというひとりの人を選び、彼と契約を結び、彼の子孫を通して諸国民を祝福する計画を立てられた。アブラハムの積極的応答のゆえに、神は彼と契約を結び、その計画を全うすることを誓われた。同時に、アブラハムの子孫に神とともに歩むことを求めた。神のかたちとして人に与えられた使命を、神はアブラハムの子孫に与えられた。

二　神は、出エジプトを通してご自身のものとされたイスラエルの民の真ん中に、幕屋を通して神の栄光がとどまるようにされた。それは、イスラエルの民を神の支配を世界へと分かち合うことができる神のかたちに造りかえるためであった。そして、モーセは神と民の仲介者となり、彼を介してイスラエルと主の契約が締結された。イスラエルの民が継続して神のかたちとしての働きを続けるためには、契約に伴う律法への遵守が要求されていた。

三　イスラエルの民が諸国によって悪影響を受けるなか、主はダビデを王としてお立てになった。さらに、彼と契約を結ぶことを通して、イスラエルの民が公正と正義に生きることができる道を備えてくださった。幕屋に代えて、エルサレムの神殿を据え、そこにご自身の栄光を置かれた。イスラエル民自身が神のかたちとして天と地とを結ぶことができるように道を開くためである。

四　残念ながら、神への反逆という問題を解決する手段であるはずのイスラエル民自身が、問題そのものとなってしまった。それゆえに、彼らがのろいとなり、主の栄光はエルサレムを去り、国はバビロンへと捕囚され、あらゆる契約が破棄されたかのような状況に陥った。

五　しかし、預言者たちは、主の栄光がエルサレムに帰還し、契約が更新されて律法がイスラエルの民の心に刻まれ、公正と正義を行う王が登場し、主が全世界をこの王を通して統治し、ついには全被造物の回復される日が到来することを預言した。

V　イエス・神のかたちの到来と契約の更新〈福音書〉

　天地を創造された神は、全被造物を治めるために人を神のかたちに創造し、人にその使命と力を与えられました。ところが、人はその力を神に背くことに用いてしまい、神と人、人と人、人と被造物、すべての関係が崩れてしまったのです。それゆえ、世界は自己崩壊を起こし、神は洪水をもって、世界を再創造されました。そのうえで、世界中に広がった諸国民を祝福して、人が神のかたちとしての働きを全うすることができるようにするために、アブラハムとその家族を特別に選ばれました。そして、アブラハムとの契約を通して、諸国民を祝福するという世界を回復する働きを始められました。アブラハムの子孫は、イスラエルの民となり、エジプトからの解放とシナイ山におけるモーセを仲介とする契約によって、神の臨在を民の真ん中に置く国としてその歩みを始めました。神のかたちとしての使命と力が彼らに与えられたのです。

　さらに、主はダビデとその子孫を選び、彼らと契約を結んだうえ、エルサレムと、ご自身の臨在を置く神殿をお選びになりました。それは、ダビデの子孫を通して、イスラエルがその使命を全うするように備えられるためです。ダビデの子孫は王として、神の子、究極的な神のかたちとして立てられ、イスラエルが神のかたちとしてその任務を全うできるように整え、導く使命が与えられたのです。

残念ながら、イスラエルとダビデの子孫は、神のかたちとしての働きを全うすることはできませんでした。彼ら自身が問題となり、自らのろいを受けてしまったからです。その結果、王国は崩壊し、民は捕囚とされ、神殿は破壊されました。

その後、神のあわれみによってイスラエルはその地に帰還し、神殿を再建しました。一時期、マカベアの時代、列強からの独立を勝ち得ることもできました。しかし、主の栄光はエルサレムの神殿に帰還していない、そして、イスラエルはその使命を全うすることができないという状況のまま、時間が進んでいきました。もちろん、預言者たちのことばがイスラエルに希望を与えていましたが、この希望の実現を見ることはありませんでした。

そのような状況の中で聖書の物語はクライマックスを迎えます。イエスの到来です。「聖書六十六巻を貫く一つの物語」の大きな流れの中で見るならば、「世界の回復のために立てられたイスラエル」を回復するための働きをイエスは担っておられます。イエスが神の地上におけるわざを担い、神のかたちとしてのわざを全うされます。さらに、忠実なイスラエル、忠実なダビデの子として、アブラハムとの契約、モーセを介する契約、そしてダビデとの契約を全うされます。その結果、イスラエルの神は確かにエルサレムへと帰還するのです。

それでは、この物語はどのように進んでいくのでしょうか。

A　王であるイエスの誕生

系図

おわかりのように、新約聖書は上下巻から成る聖書の下巻にすぎません。当然その上巻は旧約聖書です。そして、新約聖書の最初にマタイの福音書が置かれているのは、新約聖書を読むために知っておかなければならない上巻、すなわち旧約聖書のあらすじを系図という形で叙述するためです（マタイ一・一～一七）。

それでは、旧約聖書のあらすじは何でしょうか。マタイは一言でまとめています。


アブラハムの子、ダビデの子、イエス・キリストの系図。（一・一）

つまり、旧約聖書は、アブラハムの子たち、すなわちイスラエルの物語であり、ダビデの子孫たち、すなわち王家の物語なのです。

マタイはこの物語をなぞっていきます。まず、アブラハムから話を始めます。

アブラハムがイサクを生み、イサクがヤコブを生み、ヤコブがユダとその兄弟たちを生み、（二節）

アブラハムから始めるのは、彼との契約を通して世界を回復する神の働きが始まったからです。そして、その働きはヤコブへと受け継がれていきますが、その後、その十二人の息子たちとその家族へと広がっていきます。広がりを認識しつつも、系図はユダとその子孫に焦点を当てています。

モーセを介しての契約の話は、この系図には割愛されています。その一方で、イスラエル統一王国の王であるダビデが登場します。

エッサイがダビデ王を生んだ。（六節）

主はダビデと契約を結び、彼の子孫がイスラエルの王座に長く就くと約束をされました。「王」というタイトルをもつダビデの誕生は、この系図の第一のクライマックスです。ところが、ダビデの子である王を含むイスラエルは、主との契約に従いませんでした。それゆえ、契約にしたがってイスラエルはのろいを受け、バビロンへと捕囚されます。

バビロン捕囚のころ、ヨシヤがエコンヤとその兄弟たちを生んだ。（一一節）

マタイの福音書一章一節には登場しない「バビロン捕囚」という表現が系図に登場しています。ダビデの誕生が第一のクライマックスならば、バビロン捕囚はイスラエルの歴史のどん底です。事実、「エコンヤとその兄弟たち」とあるように、王のみならず、王家のすべてが捕囚の苦しみを味わうのです。

エコンヤ以降、イスラエルが全世界の民を祝福するというアブラハムへの主の約束が実現しないまま物語は進んでいます。さらには、ダビデの王家が続くというダビデとの契約があったはずなのに、イスラエルには王もいませんでした。その歴史の中で登場したのがイエスです。

ヤコブがマリアの夫ヨセフを生んだ。キリストと呼ばれるイエスは、このマリアからお生まれになった。（一六節）

イエスこそ、これまで綴ってきたイスラエルの物語のクライマックスです。そして、「アブラハムの子、ダビデの子」（一節）であるイエスを通して、主がアブラハムと結ばれた契約とダビデと結ばれた契約が更新されたのです。

マタイの福音書の系図には、数多くの興味深い特徴があります。ここではそのうちの三つに焦点を当てましょう。

まず、一章二節から始まる系図は、すべて「○○が○○を生んだ」という形式で書かれ、ヨセフまではこの形式が踏襲されています。しかし最後は、「ヨセフがイエスを生んだ」ではありません。


キリストと呼ばれるイエスは、このマリアからお生まれになった。（一六節）

この一言は、ヨセフとイエスが直接的な父子ではないことを示しています。ヨセフはイエスの母マリアの夫ではあるが、イエスの父ではありません。そして、イエスの誕生は、子が誕生することによって父になるというプロセスを通してではなく、それとは異なったプロセスであったことを示唆しています。これまでも継続してこの世界に介入してこられた神が、イエスの誕生とその生涯においても世界に介入されたことを、系図は表していま す。そして、具体的にマタイの福音書一章一八〜二五節でこの神の介入のプロセスが描かれているのです。

系図の二つめの特徴は、十四代の繰り返しです。

それで、アブラハムからダビデまでが全部で十四代、ダビデからバビロン捕囚までが十四代、バビロン捕囚からキリストまでが十四代となる。（一七節）

旧約聖書の系図とマタイの福音書の系図を見比べると、後者では多くの人の名前が省略されています。省略することによって、マタイの福音書の系図では、アブラハムからダビデ、ダビデから捕囚、捕囚からイエス、それぞれが十四代になるように調整されているのです。なぜ十四代にこだわり、十四代を三回繰り返すのでしょうか。十四という数字ではなく、そこに七が二つあると考えてみてください。十四が三つは、七が六つあるということになります。

マタイはここで創世記一章の天地創造の記事を思い浮かべているのです。その六日目の最後に創造されたのが、神のかたちとしての人です。一方で七代の繰り返しの六つめに登場したのが、まことの神のかたち（コロサイ一・一五参照）であるイエスです。マタイはここでイエスとアダムを類比させています（ローマ五・一二〜二一参照）。ですから、この系図は単にアブラハムから始まる歴史を語っているのではなく、これまで語ってきた、天地創造とアダムから始まる聖書の物語をその初めから物語っているのです。

そして、イエスの誕生をきっかけに七代の七回目が始まります。七日目に相当する安息日がイエスによって到来するのです。ですから、イエスの到来は、モーセを介して与えられた契約のしるしを指し示しています。このようにして、系図にはいっさい述べてはいないイスラエルの契約の歴史をも、イエスは確かに踏まえているのです。事実、イエスの到来が「安息」の到来であると、イエス自らが語っておられます（マタイ一一・二八～三〇）。

そして安息日は、主が王として世界を治めておられることのしるしです。後に語られる「神の王国の到来」もここで暗示されています。

さらにマタイは、イエスと四十二という数字を結び合わせることによって、レビ記二五章に描かれているヨベルの年（四十九年目）の到来も想起させています。安息日のみならず、ヨベルの年に向かう最後の七年である四十三年目から四十九年目がイエスによって始まります。ヨベルの年は神によるすべての回復の時のしるしです。それがイエスの到来を通してやってきます。モーセを通して与えられた律法が完成する日とも言えるでしょう。この世界を造られた神のみこころと計画がその完成へと動き始めるのです。

三つめの特徴は、この系図はダビデ王家のものであり、王座に就くべきキリストの系図です。

キリストと呼ばれるイエスは、このマリアからお生まれになった。（マタイ一・一六）

つまり、神のみこころの完成は、来たるべき王によって実現するのです。
一時、ダビデの契約はイスラエルの民全体に広げられていました（イザヤ五五・三～五）。それがもう一度、メシアに集中するのです。そういう意味で、メシアはイスラエルをも代表しています。

メシアの名前

それでは、神は、どのようにイエスの誕生に関与されたのでしょうか。「なぜ、イエスの母はマリアで、ヨセフの夫なのに、『ヨセフはイエスを生んだ』ではないの」という疑問に答えるという形で、「イエス・キリストの系図は次のようであった」（マタイ一・一八、私訳）、つまり、イエスの誕生の次第が語られます。神がこの誕生に関与されたのは明白です。

「母マリアはヨセフと婚約していたが、二人がまだ一緒にならないうちに、聖霊によって身ごもっていることが分かった」（一八節）とあるように、ヨセフと結婚の誓いをしているマリアが、聖霊すなわち神の霊によってイエスを身ごもったから、イエスの母はマリアですが、ヨセフはイエスの父ではないのです。ここに神の介入を見ます。同時に、イエスの実の父ではないヨセフは、マリアの子を「イエス」と命名し（二五節）、養子に迎えました。ヨセフは命名を通して、神がイエスに与えられた使命を明らかに示したのです。

あたかも最初の人が命名を通して神のかたちとしての使命に生き始めたように、ヨセフは命名を通してメシアの使命を明示するのです。ヨセフも神のかたちとしての使命を果たしています。

「イエス」という名前の由来は、「この方がご自分の民をその罪からお救いになるのです」（二一節）とあることを示しています。「自分の民」とは、アブラハムの子孫であるイスラエル、マタイの福音書一章一～一七節に描かれた歴史を担っている民です。すでに述べてきたように、彼らの罪が彼らをバビロン捕囚へと追いやりました。その問題をイエスが解決されるのです。

「イエス」はギリシア語名です。ヘブル語では「ヨシュア」。モーセのあとを引き継ぎ、イスラエルの民を約束の地へと導き上ったリーダーと同じ名前です。単なる偶然ではありません。捕囚から約束の地へと帰還することは、第二の出エジプトであると預言者たちは理解していました。ですから、もう一度、荒野を通り抜け、ヨルダン川を渡り、そしてイスラエルの地へと民を帰還させるために、イエスは生まれました。同じ名前のヨシュアにならって、捕囚の民を約束の地へと導き上ることが、マリアから生まれる男の子に与えられた使命でした。そして、この捕囚からの回復、つまり、イスラエルの帰還と復興こそ、イスラエルの罪からの救いです。「イエス」という名は、イエスのこの使命を表しています。

イエスにはもう一つの名前がつけられています。「インマヌエル」（「神が私たちとともにおられる」という意味）とも呼ばれるのです（二三節）。これはイザヤ書七章一四節の約束の成就を表しています。特に、処女からの男の子の誕生という約束の成就です。しかし、この名前の意義を処女降誕に限定してしまうと、この名のもつ別の意義を見逃してしまいます。

先に述べたように、旧約聖書において、神がイスラエルの民とともにおられる場所は、エルサレムの神殿でした（エゼキエル四八・三五）。ですから、イエスの使命は、人々を捕囚から約束の地へと連れ帰るのみならず、彼らを王ダビデが都とした町エルサレムにある神殿に導くことです。それも、エゼキエルが約束しているように、神がご自身の栄光を現される、回復された神殿へと導くのです。

それでは、回復される神殿とはどこにあるのでしょうか。マタイの福音書は、この神殿がイエスご自身であることを示しています。つまり、イエスがおられるところに、神の臨在があるのです。特に二つの聖書の箇所に焦点を当てるべきです。まず、一八章一九～二〇節を見てみましょう。

「まことに、もう一度あなたがたに言います。あなたがたのうちの二人が、どんなことでも地上で心を一つにして祈るなら、天におられるわたしの父はそれをかなえてくださいます。二人か三人がわたしの名において集まっているところには、わたしもその中にいるのです。」

「あなたがた」、すなわち弟子たちが集まって祈る場にイエスはいて、そのことのゆえに、天の父は弟子たちの祈りを聞いてくださる、とイエスは語られるのです。イエスを通してささげられた祈りは天の父に届きます。ソロモンの神殿奉献における祈りを思い出してください。

さらに、マタイの福音書の終わりに、「見よ。わたしは世の終わりまで、いつもあなたがたとともにいます」（二八・二〇）とあるように、すべての国民を弟子としようと、イエスの弟子たちが出て行って、父、子、聖霊の名によって異邦人たちにバプテスマを授け、イエスの命じたことを教えるならば、そこに天と地の権威をもつ王であるイエスが共におられる、と述べられています。そして、インマヌエルである方がそこにおられるからこそ、天の父もそこにおられるのです。

このように、イエスこそが回復される神殿であり、そのイエスが共におられる教会も、神が共におられる場所、神殿となるのです。エルサレムの神殿の丘に限定されない、世界のどこにあっても、キリストの弟子たちが集まっている場所が新しい神殿になる、とイエスの名であるインマヌエルは示唆するのです。

王の誕生

さて、イエスこそがキリスト、来たるべき王であることは、マタイの福音書二章の出来事からも明白です。

イエスがヘロデ王の時代に、ユダヤのベツレヘムでお生まれになったとき、見よ、東の方から博士たちがエルサレムにやって来て、こう言った。「ユダヤ人の王としてお生まれになった方は、どこにおられますか。私たちはその方の星が昇るのを見たので、礼拝するために来ました。」（一〜二節）

ここで登場する「ヘロデ王」とは、ヘロデ大王と呼ばれる紀元前三七年から紀元前四年まで、ユダヤ王国を統治した王です。イエスの裁判の場面に登場するヘロデはこのヘロデ大王の息子にあたります。

さて、ヘロデ王は自らを「ユダヤ人の王」と自認していましたが、ダビデの子孫ではありませんでした。彼はイドマヤ（エドム）出身であったからです。つまり、彼は王としての権威をローマから与えられていましたが、「偽物の王」であったのです。そして、この偽物の王が治めている時代に、イエスは本物の「ユダヤ人の王」としてお生まれになりました。それも、ミカの預言に記されているとおりに生まれたのです。

「ユダの地、ベツレヘムよ、
あなたはユダを治める者たちの中で
決して一番小さくはない。
あなたから治める者が出て、
わたしの民イスラエルを牧するからである。」（マタイ二・六）

つまり、ヘロデ大王ではなく、このときにベツレヘムで誕生した方こそが、イスラエルを治める支配者、ユダヤ人の王であるべき方なのです。

しかし、ユダヤ人の王はイスラエルを治めるだけではありません。諸国民を治める世界の王でもあります。このことは、詩篇二篇七～九節ですでに語られていますし、東方の博士たちの来訪によって示唆されています。そして、ルカの福音書二章におけるイエスの誕生の物語でもそのことが示唆されています。ルカは、イエスの誕生が当時の世界の王であるローマ皇帝の支配下の世界で、ローマ皇帝がその強制力によって人々を移動させたなかで起こった出来事であると綴っています。

そのころ、全世界の住民登録をせよという勅令が、皇帝アウグストゥスから出た。これは、キリニウスがシリアの総督であったときの、最初の住民登録であった。人々はみな登録のために、それぞれ自分の町に帰って行った。(一〜三節)

このような状況の中で誕生したということは、イエスがローマ皇帝の支配下にあることを示唆するように思えます。ところが、天の使いがイエスの誕生を告げるとき、次のように語っているのです。

「今日ダビデの町で、あなたがたのために救い主がお生まれになりました。この方こそ主キリストです。」(一一節)

何気なく読んでしまいがちなこの知らせですが、ここでイエスは、ローマ皇帝が受けるべき二つの称号をもって呼ばれています。まず、「救い主」。そして、「主」です。ここでも世界を治めていると自称している偽物の救い主であり、偽物の主であるローマ皇帝の治世下で、本物の救い主であり、主であるキリストが誕生した、と告げているのです。さらに、まことの王がもたらすのは、地上における平和です。これも、ローマが武力によってもたらした「ローマの平和」とは別の種類の「キリストの平和」です。

「いと高き所で、栄光が神にあるように。
地の上で、平和が
みこころにかなう人々にあるように。」（一四節）

このようにして、ユダヤ人の王であり、世界の王である方が誕生されたのです。

B　王であるイエスによる神の王国の到来

まことのイスラエルの登場

イエスはその働きを始める直前、ヨルダン川でバプテスマのヨハネからバプテスマを受けておられます。

そのころ、イエスはガリラヤのナザレからやって来て、ヨルダン川でヨハネからバプテスマを受けられた。（マルコ一・九）

なぜ、ご自身の働きを始める前に、バプテスマをお受けになったのでしょうか。バプテスマを省略して、すぐにガリラヤ湖近辺の地域に行き、伝道すればいいのではないでしょうか。罪人と一つとなるため、人々の経験を共に経験するため、大切な伝道の準備のため、など様々な考え方があります。しかし、それ以上の何かがここで起こっています。

ヨルダン川は、先に述べたようにヘブル語で「イエス」と同じ名前である「ヨシュア」が、モーセのあとを引き継ぎ、イスラエルの民を約束の地へと導き上ったときに渡った川です（ヨシュア三章）。さらに、このヨルダン川を渡った出来事は、モーセが民を導いて、葦の海を渡ったことを思い起こさせます（出エジプト一四章）。そのようにして、ヨルダン川でバプテスマを受けることによって、イエスご自身が、イスラエルの民の歩みを体現しておられるのです。つまり、イエスはイスラエルを体現しつつ、これからのイエスの働きは、第二の出エジプトであることを示しているわけです。

さらに、バプテスマのヨハネが「聖霊によってバプテスマをお授けになる」（マルコ一・八）方と呼んでいたメシアであるイエスが、ヨハネにバプテスマを授けるのではなく、ヨハネからバプテスマを受けておられます。メシアは第二の出エジプトを導くのみならず、ご自身の民であるイスラエルと一つとなることによって、自らを低くして、しもべになったことがこのことから示唆されます。

そして、そのとき、天が裂け、神ご自身が自ら姿を現し、天から声がするのです。天の神の、地への直接的な介入が描かれています。天の神は次のようにイエスを呼んでおられます。

「あなたはわたしの愛する子。わたしはあなたを喜ぶ。」（一一節）

これは、旧約聖書の三つのことばを受けています。まず、イスラエルの王に対する主のことばです。

「主は私に言われた。
『あなたはわたしの子。
わたしが今日　あなたを生んだ。』」（詩篇二・七）

しもべとなられた方が、イスラエルの王であり、かつユダヤ人の王です。次に創世記二二章のアブラハムへの主のことばです。

神は仰せられた。「あなたの子、あなたが愛しているひとり子イサクを連れて、モリヤの地に行きなさい。そして、わたしがあなたに告げる一つの山の上で、彼を全焼のささげ物として献げなさい。」（二節）

アブラハムに与えられた約束を成就するのがイエスです。さらに、イザヤ書四二章からも引用されています。

「見よ。わたしが支えるわたしのしもべ、
わたしの心が喜ぶ、わたしの選んだ者。」（一節）

これは、自らの苦難をもって諸国に正義をもたらす主のしもべ（イザヤ四〇～五五章）に対して主が語ったことばです。王でありつつも、苦難のしもべの姿が示唆されているのです。このようにして、アブラハムの子、ダビデの子、苦難のしもべとしての使命をいだいたイエスが登場し、第二の出エジプトを民とともに導くのです。

続いて、イエスは四十日間、荒野に行かれます。

それからすぐに、御霊はイエスを荒野に追いやられた。イエスは四十日間荒野にいて、サタンの試みを受けられた。イエスは野の獣とともにおられ、御使いたちが仕えていた。（マルコ一・一二～一三）

四十日の偵察の後に主への不信の罪を犯したイスラエルの民は四十年間、荒野を放浪するようになりました（民数一四・三三～三五）。イスラエルがたどった道を歩むように、イエスも四十日間、荒野に滞在されました。そこでサタンの試みを経験なさいました。あえて敵の手の中に四十日間、陥られたのです。イエスはイスラエルの民の姿をここでも体現しておられます。そして、サタンの誘惑に打ち勝ち、その放浪が四十年に伸ばされることなく、四十日で荒野の時を終えられたのです。「失敗するイスラエル」ではなく、「真のイスラエル」、神のかたちであるイスラエルを、イエスはここでも体現しておられます。

なお、イエスに最初に挑んできたのがサタンです。今後、イエスは様々な人々と闘争しますが、そこで戦っている本当の敵は、これらの人々の背後にいるサタンだからです。そして、サタンは最後まで様々な人々を通してイエスを試みるのです。

神の王国の到来

まことのイスラエルとして自らを示されたイエスは、宣教の働きをお始めになります。

ヨハネが捕らえられた後、イエスはガリラヤに行き、神の福音を宣べ伝えて言われた。「時が満ち、神の国が近づいた。悔い改めて福音を信じなさい。」（マルコ一・一四～一五）

この世界は「神の国」、つまり王である神の支配が今まさに始まった、とイエスは宣言されました。ローマ帝国が治めており、その背後でサタンが働いています。しかしその真ん中で、世界の王であるイスラエルの神が立ち上がり、ご自身が王であることを、自分を通して明らかにされ始めた、とイエスは宣言なさったのです。つまり、イスラエルの神が王になられた、とイエスは宣べ伝えたのです。そして、世界の王である神の王国の到来を告げることこそが、福音を宣べ伝えることなのです。

神の王国の到来という福音は、古くはモーセが出エジプトの直後に歌ったもの、すなわち「主はとこしえまでも統べ治められる」(出エジプト一五・一八)に見いだされます。このときは、エジプトの王ファラオの支配が終わり、主のご支配が始まったという福音が宣べ伝えられました。そして今、イエスを通して王の支配が到来するのです。それは、イザヤ書で待ち望まれている第二の出エジプトの知らせと言うこともできます(イザヤ五二・七〜八)。こうして、イスラエルを自ら体現しておられるイエスを通して、世界の王であるイスラエルの神が、悪と罪という偽の王を倒す時が来るのです。

神の王国が到来したとき、イスラエルの民には何が求められるのでしょうか。偽物の王を捨て、本物の王に忠誠を誓うことです。「悔い改めよ」ということばは、自分の罪を悔やんだり、告白したり、その罪のゆえに悲しんだりすることと一般には理解されています。しかしイエスはここで、「立ち返る」、つまり「方向転換する」という意味でこの語を用いています。偽物の王に忠誠を尽くすのをやめて、本物の王に忠誠を誓いなさい、という意味です。イスラエルの神がイエスを通して偽物の王をこれから完全に倒す、だからあなたがたはその前に、本物の王であるイスラエルの神のところへ来なさい、と招いておられるのです。

「立ち返る」ためには、「イスラエルの神がまもなく世界の王となる」というすばらしい知らせ、すなわち福音を受け取り、受け入れ、それに則って自分のすべてを再構築する必要があります。それこそが「福音を信じる」、つまり神が罪と悪に対して勝利をとられる、という良い知らせを信頼することです。さらに、このイスラエルの神のわざが、いま目の前にいるイエスを通してなされることを信じる必要もありました。

恵みの年の到来

このようにマルコの福音書やマタイの福音書では、神が王として世界を支配することの宣言をもって、イエスの公の働きは始められました。ところが、ルカの福音書では、御霊の力を帯びてガリラヤに帰ったイエスの評判が広まり、その教えがすべての人に称賛された後（四・一四）から、イエスの働きは始まっています。彼はまず、自身のふるさとであるナザレに帰るのです。

それからイエスはご自分が育ったナザレに行き、いつもしているとおり安息日に会堂に入り、朗読しようとして立たれた。すると、預言者イザヤの書が手渡されたので、その巻物を開いて、こう書いてある箇所に目を留められた。

「主の霊がわたしの上にある。
貧しい人に良い知らせを伝えるため、
主はわたしに油を注ぎ、
わたしを遣わされた。
捕らわれ人には解放を、
目の見えない人には目の開かれることを告げ、
虐げられている人を自由の身とし、
主の恵みの年を告げるために。」

イエスは巻物を巻き、係りの者に渡して座られた。会堂にいた皆の目はイエスに注がれていた。イエスは人々に向かって話し始められた。「あなたがたが耳にしたとおり、今日、この聖書のことばが実現しました。」（一六〜二一節）

ナザレに帰ったイエスは、当時のユダヤ人同様に、安息日に、ナザレの村の中心にあった会堂（シナゴーグ）に行かれました。エルサレムの神殿から離れた地方に住むユダヤ人たちは、毎週安息日に、神殿のある方角を正面にした会堂で、聖書のことばを通して、神の臨在に触れていたからです。

イエスのことを昔からよく知っている会衆の前で、彼はイザヤ書六一章一～二節をお読みになりました。その箇所に登場するのは、主の霊の力を受けたメシアです。イスラエルの神である主によって任命の油を注がれ、イスラエルをその罪から解放する使命が与えられた来たるべき王、すなわちメシアです。

ナザレの人々を含めた多くのユダヤ人たちは、異教徒であるローマによってイスラエルの聖なる都エルサレムが占拠されている現状を嘆いていました。ですから、やがてメシアが登場して、武力をもって異教徒たちをエルサレムから追い出し、神殿を汚れから回復してくれる、と期待していました。これこそが第二の出エジプトだと考えていました。

ところが、イエスはここで人々の期待とは異なるメシアの姿を語られました。「貧しい人」、「目の見えない人」、「虐げられている人」（一八節）とあるように、社会の底辺にある人々を助け出し、救うメシアです。当時のユダヤ人から見ると、期待はずれのメシア像でした。ですから、イエスがこのことばをナザレの会堂で語った直後から、ナザレの人々はイエスを拒絶し始めたのです。そして、イエスは「預言者はだれも、自分の郷里では歓迎されません」（二四節）と語るに至るのです。

イエスが語ったのは、人々から見ると「期待はずれ」のメシア像でしたが、それは決して「非現実的」なメシア像ではありませんでした。ルカの福音書を読み進めていくと、イエスご自身の働きの中でこのことが現実となっているからです。福音を語り（四四節）、悪霊を追い出し（三一～三八、四一節）、病の人を癒し（四・三八～四〇、五・一二～一六、六・六～一一、七・二～一〇）、捕らわれ人に赦しを宣言し（五・一七～二六）、イスラエルの主流派の人々から周縁へと追いやられた人々と宴会を開き（五・二九～三〇、一三、七・三四）、死人をよみがえらせています（七・一一～一八）。イエスご自身が、「主の霊がわたしの上にある」（四・一八）メシアであり、イエスの上に働いておられた聖霊（一、一四節）によってイザヤが語るメシアとしての働きをお進めになったのです。

それでは、イザヤ書六一章どおりのメシアであるイエスは、何をこの世界にもたらすのでしょうか。イエスが読んだイザヤ書のことばは、「主の恵みの年を告げるために」（ルカ四・一九）という表現をもって閉じられています。この「主の恵みの年」とは、すでにマタイの福音書の系図のところで述べたように、レビ記二五章に登場する「ヨベルの年」を指しています。ヨベルの年は、四十九年ごとに訪れる、イスラエル全国民のための解放の年です。それぞれの家族がそれぞれの所有の地を回復し、あらゆる借財が帳消しにされ、経済的にも社会的にも（そして霊的にも）、主の祈りが語る「赦し」「負い目を赦すこと」が現実になる年です。社会的弱者が社会の真ん中に回復する年です。

しかしイエスがここで語っているのは、単なる四十九年に一度訪れる「ヨベルの年」ではありません。イスラエルが回復され、全世界のすべての民に万物の回復の始まりが告げ知らされる、歴史始まって以来最大のヨベルの年の到来を指しています。社会的弱者のユダヤ人からはじめて、世界のすべての民に回復が与えられると、イエスは語り、その現実に生きられたのです。そして、自らを通してもたらされる第二の出エジプトは、この特別なヨベルの年の到来であって、宇宙大の回復をもたらすものである、とイエスは示唆しておられます。

イエスがふるさとで反対を受けたのは、単に人々がその素性をよく知っていたからだけではありません。イエスが語り、そして実践していったメシアとしての働きが、民の期待どおりではなかったからです。その一方で、このイエスこそメシアであると信じ、従い、弟子となった者たちは、イエスとともにヨベルの年の実践、すなわち負い目を赦され、負い目を赦す働きへと招かれています。そのようにして、イスラエルの神が王として支配を始められた神の王国のわざは、万物の回復へと向けて、着実に進められていくのです。

十二弟子の選び

神の王国の到来を語り、自らのわざを通して神の王国を体現しているイエスは、ご自身の周りに十二人の弟子を置かれました。

さて、イエスが山に登り、ご自分が望む者たちを呼び寄せられると、彼らはみもとに来た。イエスは十二人を任命し、彼らを使徒と呼ばれた。それは、彼らをご自分のそばに置くため、また彼らを遣わして宣教をさせ、彼らに悪霊を追い出す権威を持たせるためであった。（マルコ三・一三～一五）

なぜ「十二」なのでしょうか。それは、イスラエルが十二部族（ルベン、シメオン、ユダ、ダン、ナフタリ、ガド、アシェル、イッサカル、ゼブルン、ベニヤミン、エフライム、マナセ）であったことにちなんでいます。イエスはご自身の周りに、神のみこころを行い、神の支配をこの地上で実践する新しいイスラエルとして十二弟子を選ばれたのです。この十二人に代表されるイエスの弟子たちこそ、アブラハムの子ども、神の家族であって、アブラハムに与えられた神の祝福を受け継ぐ存在です。ですから、イエスご自身にも家族はいましたが、その家族さえも相対化されたのです（三一～三五節）。それとともに、イエスご自身はその十二部族の真ん中にある、神の臨在を表す神殿のような存在なのです。

イエスから学ぶことだけが十二弟子の使命ではありませんでした。彼らはマタイの福音書一〇章二節で「十二使徒」と呼ばれています。「使徒」は「遣わされた人」という意味です。つまり、彼らはイエスのそばで学び、そしてイエスによって遣わされる人々でした。

派遣に際して、二つのことが彼らに命じられています。

「行って、『天の御国が近づいた』と宣べ伝えなさい。病人を癒やし、死人を生き返らせ、ツァラアトに冒された者をきよめ、悪霊どもを追い出しなさい。あなたがたはただで受けたのですから、ただで与えなさい。」（七〜八節）

まず、「天の御国（王国）が近づいた」と宣べ伝えること（七節）が命じられました。次に、「病人を癒やし、死人を生き返らせ、ツァラアトに冒された者をきよめ、悪霊どもを追い出」すことも命じられました（八節）。この二つは、イエスご自身がこれまでなさってきたわざです。つまり、十二弟子たちには、イエスとともにいて学び（弟子）、イエスに遣わされて（使徒）、イエスのわざを行う使命が与えられていたのです。

ところが、イエスは弟子たちを諸国民にはお遣わしになりませんでした。こう語っておられます。

「異邦人の道に行ってはいけません。また、サマリア人の町に入ってはいけません。むしろ、イスラエルの家の失われた羊たちのところに行きなさい。」（五〜六節）

イエスの弟子たちの派遣先は、イスラエルに限定されていました。ですから、助けを求めて来た異邦人であるカナン人の女に対して、イエスは次のように冷たく返答しておられます。

イエスは答えられた。「わたしは、イスラエルの家の失われた羊たち以外のところには、遣わされていません。」しかし彼女は来て、イエスの前にひれ伏して言った。「主よ、私をお助けください。」すると、イエスは答えられた。「子どもたちのパンを取り上げて、小犬に投げてやるのは良くないことです。」（一五・二四～二六）

異邦人を見下げるように彼らを「小犬」と呼び、異邦人を助ける使命が自分にはない、と彼女の申し出を断っておられます。しかし、マタイの福音書一章一～一七節の系図に三人の異邦の女（ラハブ、ルツ、ウリヤの妻）が登場していることが示唆するように、イエスが異邦人を全く相手になさらなかったわけではありません。事実、この後、助けを求めてイエスのところに来たカナンの女の信仰を見て、彼女の娘を癒やされました（一五・二七～二八）。祝福が異邦人へと広がることをイエスも願っておられたのです。しかしイエス自らの働きは、イスラエルに限定されていました。

マタイの福音書の最後で、「あらゆる異邦人を弟子としなさい」（二八・一九、私訳）と弟子たちに言っているイエスが、なぜ弟子たちと自らの働きをイスラエルに限定しておられたのでしょうか。

イエスの名前の由来からもわかるように、イエスの使命は何よりもアブラハムの子孫であるイスラエルの回復です。自身の罪のゆえにバビロンへと捕囚されたイスラエルが、その捕囚から回復され、帰還し、復興するためにイエスは遣わされました。イエスはこのことを踏まえて、まず、イスラエルの家の失われている羊、捕囚の中にある民を回復するために働き、弟子たちをその働きのためにお遣わしになったのです。

しかし、アブラハムに与えられた使命を受け継いでいるイエスにとって、イスラエルの回復がゴールではありません。イスラエルが神のご支配の到来、イスラエルの神が王としてこの世界をご支配される日の到来を受けとめ、その働きに加わった後に、次のステップ、すなわちイスラエルによる諸国民への宣教が始まります。ですから、イエスの宣教と十字架と復活を通して、イスラエルの回復を実現し、そのうえで弟子たちを諸国民への宣教にお遣わしになるのです。

軍隊によってではなく

このようにして、イエスご自身はその働きを通して、神の王国の到来を体現していかれました。また、弟子たちもそれを体現していました。しかし、神の王国は、ローマ帝国の軍隊を力でねじ伏せるという形では到来しませんでした。

イエスの時代のユダヤ人たちは、異教徒であるローマ帝国の支配からの解放を求めていました。その解放を訴えるメシアたちも数々現れてきました。イエスの弟子たちも、イエスに同じことを期待していたのです。力でローマの軍隊をエルサレムから追い出してほしかったのです。ところが、イエスは神の王国の到来を告げ、弟子たちによって新しいイスラエルを組織しているのに、ローマ帝国との戦いを一向にお始めになりません。そのために、弟子たちさえもしびれを切らし始めていたようです。さらに、イエスの前に道備えをしているはずのバプテスマのヨハネでさえ、次のように語って、イエスの働きに疑義を唱えるようになりました。

さて、ヨハネの弟子たちは、これらのことをすべてヨハネに報告した。すると、ヨハネは弟子たちの中から二人の者を呼んで、こう言づけて、主のもとに送り出した。「おいでになるはずの方は、あなたですか。それとも、ほかの方を待つべきでしょうか。」(ルカ七・一八～一九)

イエスを通してなされようとしている神のご計画は、バプテスマのヨハネさえも理解できませんでした。しかし、イエスの働きに疑いを呈するヨハネに対して、「神の王国は、たしかにわたしの働きを通して到来したのだ」とイエスは自信をもって語られます。

ちょうどそのころ、イエスは病気や苦しみや悪霊に悩む多くの人たちを癒やし、また目の見えない多くの人たちを見えるようにしておられた。イエスは彼らにこう答えられた。「あなたがたは行って、自分たちが見たり聞いたりしたことをヨハネに伝えなさい。目の見えない者たちが見、足の不自由な者たちが歩き、ツァラアトに冒された者たちがきよめられ、耳の聞こえない者たちが聞き、死人たちが生き返り、貧しい者たちに福音が伝えられています。だれでも、わたしにつまずかない者は幸いです。」

（二一〜二三節）

ルカの福音書四章一六〜二一節で語られたわざが実際にイエスによって行われています。この事実こそが神の王国の到来を表しているのだ、とイエスはヨハネに告げられたのです。

このようにして、イスラエルそのものを体現したイエスは、ローマ帝国が支配するユダヤと、ガリラヤの地方において、神の支配の到来を宣言し、自らの働きをもって敵の敗北と神の到来を示し、ご自身の周りに新しいイスラエルをお集めになりました。このことによって、イスラエルの回復が始まりました。彼らが神のかたちとして使命を果たし、諸国民を祝福する存在となるのです。こうして諸国民への働きを進めるために、イエスはまずイスラエルの回復のために働かれたのです。

C　王であるイエスによる律法の完成

律法は、モーセを介する契約の中で重要な位置を占めています。さらに、イスラエルが神のかたちとして歩むために求められていることが律法の遵守でした。また、捕囚からの回復と、律法を遵守するイスラエルの存在は切り離すことができません。エレミヤやエゼキエルが預言しているとおりです。ですから、イエスの時代のユダヤ人たちは、書かれた律法を忠実に守ろうとしました。イスラエルの回復が速やかに来るように願っていたからです。さらに、律法には曖昧な点がありましたから、口伝律法という細則を生み出して、だれでも律法を遵守できるような道を開いていました。

その一方で、神の王国の到来を告げ、イスラエルの神が王となり、神の民を通して特別なわざをなさると語り、具体的なわざを行ったイエスは、律法やその口伝を無視する行動を取られました。たとえば、十戒にも書かれている安息日規定（出エジプト二〇・八～一一）は、イスラエルが神との契約の中にあることのしるしです。ところが、イエスは、安息日に麦の穂を摘んで食べることを許し（マタイ一二・一～八）、安息日に手が動かなくなった人の手を癒やし（九～一二節）、安息日規定よりも大切な何かがあることをお示しになりました。さらに、長老たちの言い伝え、つまり口伝律法に記されている、手を洗うこととささげ物の取り扱いを否定なさいました（一五・一～九）。食事規定は、イスラエルが諸国とは異なることを示すものです。「汚れた物」を食する人々はイスラエルではない、と軽視されていました。ところが、イエスはすべての食物をきよいとすることによって、諸国とイスラエルの違いを無視されました（マルコ七・一四～一九）。

一見、イエスは律法を不要と断じたと思えるかもしれません。しかし、イエスがイスラエルに自らが遣わされているという自覚をもっておられたのと同様に、律法の重要性を否定することはありませんでした。

「わたしが律法や預言者を廃棄するために来た、と思ってはなりません。廃棄するためではなく成就するために来たのです。まことに、あなたがたに言います。天地が消え去るまで、律法の一点一画も決して消え去ることはありません。すべてが実現します。ですから、これらの戒めの最も小さいものを一つでも破り、また破るように人々に教える者は、天の御国で最も小さい者と呼ばれます。しかし、それを行い、また行うように教える者は天の御国で偉大な者と呼ばれます。わたしはあなたがたに言います。あなたがたの義が、律法学者やパリサイ人の義にまさっていなければ、あなたがたは決して天の御国に入れません。」（マタイ五・一七～二〇）

律法を成就するために来た、とイエスは語っておられます。さらに、「天の王国」、すなわちイスラエルの神が王として支配を始められた今、この時代、律法を行い、それを行うように教える者は、王である神から良い働きをしている者とみなされ、逆に、破り、破るように教える者は、だめな者であると言われると述べています（一九節）。ですから、イエスは律法を重んじておられたのです。新しいイスラエルは律法の忠実さにおいて（ここでは「義」ということばで表現されています）、律法学者やパリサイ人以上でなければならない、と弟子たちに警告しておられることからも、このことがわかります。

さらに、律法を正しく解釈する権威は、パリサイ人や律法学者たちにあるのではなく、ご自身にあるとも語っておられます。「わたしはあなたがたに言います」（一八節および二〇節）と語って、自分の権威ある解釈を弟子たちに伝えておられます。このようにしてイエスは、宗教権威者たちとは異なった律法の解釈を告げられたのです。

それではイエスは、どの律法に対して忠実であることが本当に大切であると考えておられるのでしょうか。宗教権威者たちは、安息日や祭儀に関する律法を重んじていました。これらは、自分たちユダヤ人が異邦人とは異なる特別な民であることを指し示すものだったからです。しかしイエスは、律法の本質とは何かについて問い、その本質への忠実さをお求めになりました。

パリサイ人たちはイエスがサドカイ人たちを黙らせたと聞いて、一緒に集まった。そして彼らのうちの一人、律法の専門家がイエスを試そうとして尋ねた。「先生、律法の中でどの戒めが一番重要ですか。」　イエスは彼に言われた。「『あなたは心を尽くし、いのちを尽くし、知性を尽くして、あなたの神、主を愛しなさい。』　これが、重要な第一の戒めです。『あなたの隣人を自分自身のように愛しなさい』という第二の戒めも、それと同じように重要です。この二つの戒めに律法と預言者の全体がかかっているのです。」（二二・三四〜四〇）

イスラエルの基本的な信仰告白である「シェマー」（「イスラエルよ、聞け」申命六・四）と神の民に対する愛という形で表される献身（レビ一九・一八）への忠実さをイエスはお求めになりました。この二つこそ、まとめられた律法、すなわち律法の本質だと理解しておられたからです。

神への愛に基づく隣人への愛のゆえに、イエス自身は、罪人、取税人、病人、ツァラアトに冒された人、長血の女などのところにあえて行かれました。彼らは、祭儀律法とそれに伴う口伝において神の臨在の場である神殿に近づくことが許されないような人々でしたが、イエスは彼らに近づくことによって、神の王国をもたらしたのです。彼らを不適合者として排除するためではなく、神の王国へと招き入れ、神に属する存在とするためでした。ですから、イエスにとっての律法の完成は、あらゆる人を神の王国へ招き入れることによって実現していったと言い換えてもよいでしょう。そして、神の王国に招き入れられた者たちは、神のかたちへの回復を経験していきました。

D　王であるイエスの即位式としての十字架

十字架への道

イスラエルの神が王としてそのわざを進めていること、すなわち神の王国到来と、神がそのわざを自分を通して行っておられることを、イエスはその宣教の初めから語ってこられました。弟子たちを招き、悪霊を追い出し、病を癒やし、嵐を静め、死人をよみがえらせ、群衆にパンを備え、目の見えない人の目を開くことにより、ご自分の語りが真実であることが示してこられました。イスラエルの神が確かにイエスを通して働いておられることに気づき始めた人々は、「ナザレのイエスとはいったい何者なのか」という問いに対して、自分なりの答えを抱き始めました（たとえば、マルコ六・一四〜一六）。そして、ピリポ・カイサリアへの途上で、パンの奇跡を見た弟子たちにイエス自身がそのことをお尋ねになりました。

さて、イエスは弟子たちとピリポ・カイサリアの村々に出かけられた。その途中、イエスは弟子たちにお尋ねになった。「人々はわたしをだれだと言っていますか。」彼らは答えた。「バプテスマのヨハネだと言っています。エリヤだと言う人たちや、預言者の一人だと言う人たちもいます。」するとイエスは、彼らにお尋ねになった。「あなたがたは、わたしをだれだと言いますか。」ペテロがイエスに答えた。「あなたはキリストです。」（マルコ八・二七～二九）

イエスは、弟子たちに「人々はわたしをだれだと言っていますか」（二七節）とお尋ねになりました。ヘロデに殺されたバプテスマのヨハネがよみがえったのだ、と言っている人がいる。イスラエルの神である主の来臨の前に、道を備えるために来ると約束されていた預言者エリヤだ（マラキ四・五～六）、と言っている人もいる（マルコ八・二八）。どちらも、次に来るべき方、メシアの準備をする働き人です。このような弟子たちの答えを受けて、イエスは、「あなたがたは、わたしをだれだと言いますか」（二九節）と問われました。ペテロは「あなたはキリスト（メシア）です」（同節）と答えます。

ペテロは、単に「あなたは罪からの救い主です」と答えたのではありません。イスラエルの神のわざを地上において行う方、すなわちイスラエルの神が王として支配していることを目に見えるかたちで実現する王という意味で、そう答えました。そして、マルコの福音書の冒頭で述べられているとおりの称号でイエスを呼んだのです（一・一）。ただし、ペテロは、このメシアがエルサレムに上り、異教徒であるローマによって占拠され、偽物のユダヤ人の王であるヘロデの子がそこで王である町を、武力によって解放することを期待していました。メシアによってイスラエル王国が永遠に樹立され、イスラエルは回復する、と信じていたからです。彼にとってメシアは「ローマからの救い主」という意味でした。ですから、武力革命を起こすために、イスラエルの北端のピリポ・カイサリアから、エルサレムに向かって出発する、とイエスが宣言することを待ち望んでいたのです。

ところが、彼らの理解は、直前に綴られている記事での目の見えない人の癒やしのようなものでした。つまり、イエスがどなたであるのか、はっきりとは見えてはいないのです（八・二四参照）。神の王国が最終的にはどのようにしてこの地にもたらされるかを告げたイエスのことばを、きっちりと受けとめられなかったからです。

それからイエスは、人の子は多くの苦しみを受け、長老たち、祭司長たち、律法学者たちに捨てられ、殺され、三日後によみがえらなければならないと、弟子たちに教え始められた。イエスはこのことをはっきりと話された。するとペテロは、イエスをわきにお連れして、いさめ始めた。しかし、イエスは振り向いて弟子たちを見ながら、

ペテロを叱って言われた。「下がれ、サタン。あなたは神のことを思わないで、人のことを思っている。」（三一〜三三節）

イエスは、自らが苦しむこと、宗教指導者たちに捨てられること、殺されること、そして自らの歩みの正しさが明らかにされるために、三日目によみがえらされることを、このときから弟子たちに語り始めておられます（三一節）。しかし、メシアがそのような運命をたどるはずがないと確信していたペテロは、イエスを諌めるために、「そんなことは言わないように」と諭しました（三二節）。イエスは、そんなペテロを「サタン」、つまり「イエスを試みる者」（一・一三参照）と呼び、邪魔をするな、と叱責されたのです。ペテロの考えが、人の思いつく範囲内で考えた神の計画であったからです。イエスが語っておられるのは、人知を超えた神の計画でした。

何が違っていたのでしょうか。ペテロたちは、イスラエルの神の敵は異邦人であるローマであると考えていました。ですから、ローマとその同調者を追い出し、異邦人によって汚された神殿をきよめれば、第二の出エジプトは到来し、イスラエルの神である主はエルサレムの神殿に帰って来られる、と考えていたのです。イエスと論争してきた宗教権威者たちも、イエスが武力でローマを打ち破ればイエスの協力者となる、と弟子たちは予想していたのかもしれません。これが人の思いつく範囲で考えた神の計画です。

ところが、イエスは、ローマの背後にいる本当の敵、イスラエルの宗教権威者たちの背後にいる本当の敵、すなわち罪と死の支配をつかさどるサタンと戦っておられました。武力をもって戦い、ローマに勝ったとしても、本当の敵を倒すことはできません。むしろサタンの手先となるだけです（つまり、一・一三のサタンの試みに敗北することです）。むしろイエスは、全く異なった武器、つまり、自らの犠牲の死によってサタンとの戦いに挑まれました。ちょうど、イザヤ書に書かれている苦難のしもべのように、自らの上に諸国民の不義を負い、傷つき、暴虐のさばきによって取り去られることによって、世界を癒やそうとなさいました（イザヤ五二・一三～五三・一二）。ですから、イエスは「サタンの支配という敵からの救い主」という意味で自らがメシアである、と理解しておられたのです。

福音書を読み進めていくと、イエスのことばと弟子たちの理解の間に、どんどん乖離が生まれていくことがわかります。ピリポ・カイサリアからエルサレムへ向かう道すがら、イエスはさらに明確に受難の予告をなさいます。

さて、一行はエルサレムに上る途上にあった。イエスは弟子たちの先に立って行かれた。弟子たちは驚き、ついて行く人たちは恐れを覚えた。すると、イエスは再び十二人をそばに呼んで、ご自分に起ころうとしていることを話し始められた。「ご覧なさい。わたしたちはエルサレムに上って行きます。そして、人の子は、祭司長たちや律法学者たちに引き渡されます。彼らは人の子を死刑に定め、異邦人に引き渡します。異邦人は人の子を嘲り、唾をかけ、むちで打ち、殺します。しかし、人の子は三日後によみがえります。」（マルコ一〇・三三〜三四）

ユダヤ人（祭司長たちや律法学者たち）に裏切られ、そのローマの軍隊（異邦人）に引き渡され、苦しめられ、死ぬ、と語っておられます。ローマの軍隊に敗北することによって、神の王国が到来するとは、弟子たちには理解できなかったでしょう。事実、これまでも数多くの（自称）メシア（キリスト）が登場し、すべてがローマの軍隊によって潰されてきたからです。しかしイエスは、弟子たちとは全く違った考えをもっておられたのです。

エルサレムにて

ピリポ・カイサリアから旅を始めたイエスと弟子たちは、エリコを経由して、エルサレムに上って行きます。エリコは海面下二六〇メートルにあり、エルサレムは海抜七六〇メートルありますから、一〇〇〇メートルもの高さを彼らは上ったのです。

エルサレムに近いベタニアで、イエスは都への入城の準備を手配なさいました。そして、ろばの子に乗って、エルサレムへ入城されました。その際、イエスとともにエリコからエルサレムへと上って行った人々もいましたが、それ以上に多くの人が、エルサレムから街道へとイエスを迎えに出て来ていました。彼らは、イエスがエルサレムへと入城する際に、ホサナ（「救ってください」）と叫びつつ、一緒に都へと入って行きました（マルコ一一・一～一〇）。

人々がイエスを歓迎したのは、そのすばらしい教えのゆえだけではありません。病気を癒やす奇跡の力のゆえだけではありません。「主の御名によって来られる方」とイエスを呼び、「われらの父であるダビデの、来たるべき国」について語っていることからわかるように、イエスこそ、いと高き所、つまり天におられる神が遣わした王、メシアであると信じていたからです。イスラエルの神が遣わした王がエルサレムに帰り、異邦人たち（ローマ人）を都から追い出し、そして、イスラエルの神がエルサレムに帰還して、イスラエルを回復し、メシアが世界の王となることを人々は願っていました。そして、彼らも弟子たち同様に、武力によるエルサレムの異邦人からの奪還を期待していたのです。

イエスはイスラエルの王としてエルサレムへと入城されました。そして、王が都に帰還したときにまずするべきことである神殿の整備に取りかかりました。古代中近東の王たちは、王として都に初めて入城したとき、神殿の準備をしたり、実際に建てたり、再建したりしていました。ですから、その伝統に倣った行動ではありましたが、イエスのなさったことはある意味でショッキングでした。「神殿の破壊」を予告されたからです。

こうして彼らはエルサレムに着いた。イエスは宮に入り、その中で売り買いしている者たちを追い出し始め、両替人の台や、鳩を売る者たちの腰掛けを倒された。また、だれにも、宮を通って物を運ぶことをお許しにならなかった。そして、人々に教えて言われた。

「『わたしの家は、
あらゆる民の祈りの家と呼ばれる』
と書いてあるではないか。それなのに、おまえたちはそれを『強盗の巣』にしてしまった。」（一一・一五～一七）

当時、神殿でのささげ物は、ローマ帝国で一般に流通している硬貨ではなされませんでした。その硬貨にローマ皇帝の肖像が描かれていたからでしょう。ささげ物をする者たちは、神殿の両替所で、手持ちの硬貨を神殿用の硬貨に両替し、それで様々なささげ物を購入し、それを神殿に献げていました。ところがイエスはそのような行動を一時的にではありますが、止められたのです。さらに、「だれにも、宮を通って物を運ぶことをお許しにならなかった」（一六節）とあるように、神殿でのささげ物の儀式そのものも一時お止めになったと考えることができます。象徴的ではありますが、イエスは現在の神殿の機能を止めたのです。それは、神殿の破壊を示唆していました。後にイエスご自身は、神殿の破壊を予告しておられます（一三章）。このようにして、イエスは王として神殿の破壊を繰り返し予告なさいました。事実、紀元七〇年、神殿はローマ軍によって破壊されます。なぜ、神殿の破壊を予告しなければならなかったのでしょうか。次のことばにそのヒントが隠されています。

「『わたしの家は、
あらゆる民の祈りの家と呼ばれる』
と書いてあるではないか。それなのに、おまえたちはそれを『強盗の巣』にしてしまった。」（一一・一七）

イエスはここで、まずイザヤ書を引用しています。

「わたしの家は、
あらゆるの民の祈りの家と呼ばれるからだ。」（イザヤ五六・七）

神殿のあるべき姿は、異邦人も集い、イスラエルの神に向かって祈ることです。しかし、そうなっていない、と断言しておられます。さらに、エレミヤ書をも引用なさいます。

わたしの名がつけられているこの家は、あなたがたの目に強盗の巣と見えたのか。見よ、このわたしもそう見ていた——主のことば——。（エレミヤ七・一一）

イエスは神殿を「強盗の巣」と呼びました。「強盗」は単なる盗人ではなく、暴動を扇動する者を指しています。神殿に集まっている人こそがそのような人々だ、と彼らを告発されたのです。本来は公正と正義がなされる場所である神殿が、主の忌み嫌う場所になっている、異邦人であるローマ帝国と祭司たちが妥協している、神殿には偶像崇拝が満ちている、とイエスは指摘なさったのです。神殿の姿は、エレミヤが預言した時代、すなわち紀元前五八六年にバビロンによって破壊される直前の姿と同じだ、だから同じ運命がまもなくやってくる、と予告されたのです。

イエスはイスラエルを回復する王としてエルサレムに上られました。そして、神殿は破壊される以外ないと宣言されました。そのような行動が祭司長たちの怒りを買うのは当然です。このような反神殿の行動がイエスの十字架に架けられる原因の一つとなりました。この出来事に続いて、「祭司長たちや律法学者たちはこれを聞いて、どのようにしてイエスを殺そうかと相談した。群衆がみなその教えに驚嘆していたため、彼らはイエスを恐れていたのである」（マルコ一一・一八）と書かれています。

この後、イエスは神殿において宗教権威者と議論を戦わせます（一一・二七～一二・三七）。そして、この地の主人であるイスラエルの主に滅ぼされるべき農夫たちは彼らである（一二・一～一二）と指摘なさいます。さらに、ローマによる神殿の破壊を予告するとともに（一三・一～三七）、そこで自らはイスラエルの神によって正しいことが認められるとも述べられます（二四～二六節）。

このような出来事の後、過越の祭りの折、イエスは、エルサレムにおいて弟子たちとともに過越の食事をされました。過越は、出エジプトにおいて、イスラエルがエジプト王ファラオの奴隷から解放され、主のものとなったことを思い出して祝う時です。それは同時に、第二の出エジプト、すなわち、今、ユダヤ人を捕らえて、苦しめている異邦人の支配者であるローマからの解放を望む時でした。

その場でイエスは次のように語られました。

さて、一同が食事をしているとき、イエスはパンを取り、神をほめたたえてこれを裂き、弟子たちに与えて言われた。「取りなさい。これはわたしのからだです。」また、杯を取り、感謝の祈りをささげた後、彼らにお与えになった。彼らはみなその杯から飲んだ。イエスは彼らに言われた。「これは、多くの人のために流される、わたしの契約の血です。まことに、あなたがたに言います。神の国で新しく飲むその日まで、

わたしがぶどうの実からできた物を飲むことは、もはや決してありません。」（一四・二二〜二五）

弟子たちは、武力によってイスラエルがローマから解放されることを望んでいました。しかし、イエスは、自分のからだが裂かれ、自分の血が流され、契約が更新されることによって、本当の解放が訪れると語りました。ここでもイエスは、戦うべき敵は異邦人のローマではないと理解しています。本当の敵は、イスラエルを捕囚へ追いやった罪であり、イエスは自らの死をもって、そこからの解放をもたらすと語られたのです。

さて、ユダヤの宗教権威者にとって、自らが来るべきメシアであると自認し、それゆえに神殿の破壊と再建を自らの手で行うと語ったイエス（一四・五五〜六三、一五・二九参照）は死に値しました。彼らからの告訴を受けたローマ軍は、メシア、すなわち「ユダヤ人の王」としてイエスを処刑することにしました。

当時、十字架は、ローマ皇帝の統治へ反逆した罪に対する刑罰として、ローマ帝国が人々への見せしめとして用いたものでした。「おまえはユダヤ人の王であるのか」と、ローマから遣わされている総督ピラトから尋ねられたとき、イエスは、このことを何ら否定なさらなかったからです。

ピラトはイエスに尋ねた。「あなたはユダヤ人の王なのか。」イエスは答えられた。「あなたがそう言っています。」（一五・二）

ですから、ローマ兵は自分たちに反逆する者に対していつも行うように、イエスをユダヤ人の王として十字架に架けました。十字架に刻まれた罪状書きのとおりです（二五節）。イエスを十字架につけたローマ兵たちは、イエスを王などとは思っていませんでした。むしろ、「自らをユダヤ人の王と自称し、ローマ皇帝に反対する者は、このようになるのだ」と、皮肉を込めてイエスを王として扱ったのです。紫の衣を着せ、茨の冠をかぶらせ、王への（皮肉に満ちた）敬意を表しました。

そして、イエスに紫の衣を着せ、茨の冠を編んでかぶらせ、それから、「ユダヤ人の王様、万歳」と叫んで敬礼し始めた。（一七〜一八節）

また、イエスの十字架には「ユダヤ人の王」とその罪状が書かれていました（二六節）。二人の強盗（たぶん、ローマへの反乱を企てた人々）がその左右の十字架に架けられ、あたかも王が二人の大臣を左右に従えるかのような情景がそこに生まれていました（二七節）。ヤコブとヨハネが望んでいた場所に座ることができたのは、この二人の強盗だったのです

（一〇・三五～四〇）。

通りがかりの人々は、十字架から下りてくることなどできないイエスに向かって、「自分を救ってみろ」（一五・三〇参照）と皮肉を言いました。祭司長たちは、他人を救えても自分自身を救うことのできないイエスをあざけりました（三一節）。十字架という極刑に処されたイエスは、ローマの力の前に完全に敗北したと彼らは考えたのです。

ところが、イエスは、十字架において最後に戦うべき敵と戦っておられたのです。そして、そこで敵に対して完全に勝利し、王として即位されました。ローマ帝国が本当の敵ではありません。ユダヤの宗教権威者たちが代表しているイスラエルが本当の敵ではありません。彼らを支配し、彼らを突き動かし、彼らをイスラエルの神である主に逆らわせている悪そのもの、死を最大の武器として人を支配している悪そのものと戦っておられたのです。

どのようにしてイエスは戦われたのでしょうか。イスラエルそのものが受けるべきのろいを自らの身にあえて受け、ローマ帝国を突き動かしている悪そのものが生み出すあらゆる醜さと暴力と破滅のすべてを自らの身に受け、それらを自分の罪状としてすべて引き受けることによって戦われました。死を最大の武器とする敵を伏し拝むことなく、むしろ自分を救わず、自分の命を失うことをあえて選ぶことによって、悪の支配そのものと戦われたのです（八・三四～三八参照）。

もし武力で脅迫して来るローマに対して武力で抵抗していたとしたら、それはイエスにとって敗北だったでしょう。武力の背後には本当の敵である悪そのものが潜んでいるからです。敵が送り出す刺客（ローマ）に敵の手段（武力）で勝っても、結局、勝利を手にしているのは、敵（悪そのもの）です。しかし、敵が決して用いない「自分を救わない」という手段によって戦ったからこそ、イエスは悪に勝たれたのです。イスラエルの代わりに死に、異邦人の代わりに死に、神殿の代わりに自らがまず破壊されることによって、逆説的に、イスラエルをその罪から救い、異邦人に神の祝福への道を開き、新しい神殿の再建への道備えをなさったのです。

このように、マルコの福音書の一番初めにイエスが戦ったのがサタンであり、最後に戦ったのも、サタンに代表される悪そのものの支配でした。

十字架刑の場におけるローマ兵たちの行動は、この視点から見ると、真実を指し示していたことがわかります。イエスは、ユダヤ人の王であり、世界の王でした。まことの神のかたちである方が十字架で王として即位されました。イエスは、「他人は救ったが、自分は救えない」ことを通して（一五・二九～三二）、自分こそが本物の王であることを人々の前に明らかになさいました。そのようにして、イエスは十字架の上でユダヤ人の王として即位されたのです。

戦いは終わりました。イエスは息を引き取られました。しかし、神の王国が、イエスの生涯と死によって、確かに地に到来しました。

それでは、十字架で王として即位されることと、神の支配が到来することとはどのような関係にあるのでしょうか。

イエスが語った有名なたとえに「タラントのたとえ」があります（マタイ二五・一四〜三〇）。主人がしもべに自分の財産を預け、旅に出て行きます。三人のしもべには、それぞれの能力に応じて財が預けられました。これらの財をどのように用いるのか、彼らは主人から委ねられました。三人のうちの二人はそれで商売をして儲けましたが、一人はそれを地の中に隠して、いっさい増やすことをしませんでした。

さて、かなり時がたってから、しもべたちの主人が帰って来て彼らと清算をした。（一九節）

主人が戻って来たときに、清算が行われ、忠実なしもべに主人の祝福が与えられる一方で、地に隠していたしもべは外に放り出されてしまいました。このたとえは、「天の御国」（一四節）、つまり神の王国に関するものです。そして、「主人の帰還」こそ神の王国の到来を表しているのです。イザヤやエゼキエルが預言していたイスラエルの神である主のエルサレムへの帰還を思い浮かべつつ、イエスはこのたとえを語っておられました。

タラントのたとえは、イエスの再臨における審判と理解される場合が多いでしょう。しかし、イエスによる神の王国の到来、それも十字架による神の王国の到来についてのたとえであると理解するとしたら、どうでしょうか。十字架の意味が違って見えてきます。ユダヤ人の王であるイエスの即位の場である十字架は、イスラエルの神のエルサレムへの帰還の時であり、それは不忠実なものたちへのさばきの場なのです。イスラエルの神は、イエスの十字架とともに、エルサレムに帰還されました。そして、さばかれたのがエルサレムであり、神殿なのです。このようにして、宮きよめにおいて象徴的に表された神殿の破壊が、イエスの死の場面でも別の形で登場したのです。

すると、神殿の幕が上から下まで真っ二つに裂けた。（マルコ一五・三八）

この出来事を「神と人の間の隔てが取り払われた」ことを象徴していると理解する場合もあります。ここではむしろ、エルサレムの神殿に下される神の審判が、その幕が裂けることによって象徴的に表現されている、と考えるほうが適切ではないでしょうか。イスラエルの神はエルサレムに帰還し、イエスは自らのいのちを犠牲にし、神殿は破壊され、主の審判が不信仰なイスラエルに下されたのです。こうして、十字架という不思議な形をもってイスラエルの神がエルサレムにイエスを通して帰還されたのです。

ただし、そのことに気がついている人は、この十字架の場ではまだだれもいませんでした。そして、イエスの語ったことの正しさは、「三日でそれを建てる」(二九節参照)というイエスの予告が実現して初めて、人々の間で公に示されるのです。

E　神殿となられたイエス

神はイエスの十字架を通してエルサレムに戻られた、と先に述べました。天におられる神のわざと地におけるイエスのわざの一体性は、ヨハネの福音書を見ると、より明白です。まず、イエスは、出エジプト記の最後に登場する神の栄光が地上に満ちた幕屋です。

ことばは人となって、私たちの間に住まわれた。私たちはこの方の栄光を見た。父のみもとから来られたひとり子としての栄光である。この方は恵みとまことに満ちておられた。(ヨハネ一・一四)。

旧約聖書での「幕屋」と訳されているヘブル語は、先にも述べたように「住まい」という意味です。そのことばがここではギリシア語に訳されて、「住んだ」という形で用いられています。そのうえで、天におられる父なる神の栄光が、地上におられるイエスに満ちているとヨハネは述べます。イエスにおいて、天と地は結び合わされています。創世記のヤコブの物語において、ベテルは天と地が重なっている場所として、描かれています。

彼はある場所にたどり着き、そこで一夜を明かすことにした。ちょうど日が沈んだからである。彼はその場所で石を取って枕にし、その場所で横になった。すると彼は夢を見た。見よ、一つのはしごが地に立てられていた。その上の端は天に届き、見よ、神の使いたちが、そのはしごを上り下りしていた。(創世二八・一一～一二)

ベテルには、天と地を結ぶはしごがかけられており、神の使いたちがそこを行き来しているのです。ですから、ヤコブは次のように語っています。

彼は恐れて言った。「この場所は、なんと恐れ多いところだろう。ここは神の家にほかならない。ここは天の門だ。」(一七節)

ベテルは、天と地が重なっている場所です。ヨハネの福音書において、イエスは、自らをこのはしごと比較しておられます。

そして言われた。「まことに、まことに、あなたがたに言います。天が開けて、神の御使いたちが人の子の上を上り下りするのを、あなたがたは見ることになります。」
（ヨハネ一・五一）

イエスがおられる場所は、天と地が重なっており、この二つの領域は結び合わされています。先に述べた神殿の姿をイエスに見ることができます。

さらに、イエスは自らが神殿であると自ら語っておられます。

イエスは彼らに答えられた。「この神殿を壊してみなさい。わたしは、三日でそれをよみがえらせる。」　そこで、ユダヤ人たちは言った。「この神殿は建てるのに四十六年かかった。あなたはそれを三日でよみがえらせるのか。」　しかし、イエスはご自分のからだという神殿について語られたのであった。（ヨハネ二・一九〜二一）

ヨハネは、イエスによる宮きよめの記事（二・一四〜一七）を福音書の冒頭に置き、その直後にこの問答を置いています。先に述べたように、宮きよめは、イエスによるエルサレムの神殿の終焉の宣言です。イエスの死とともに、神殿はその終わりを迎えました。そして、復活されたイエスこそが新しい神殿なのです。

こうして、ヨハネの福音書は、その冒頭で繰り返しイエスこそ神の栄光が宿る神殿であると語り、それ以降の物語が、この神殿である方のわざ、つまり「天の神がイエスを通して地上にわざを行っている」ことを示唆し続けているのです。

F　王であるイエスによる支配の始まり――復活と昇天

復活

イエスの時代、強大なローマ帝国への反逆の罪に問われた人たちは十字架に架けられました。ですから、エルサレムを支配しているローマへの手前、十字架で死んだ人を自らすすんで葬る人などいませんでした。ところが、アリマタヤの出身のヨセフはイエスの遺体の引き取りをローマ総督のピラトに願い出て、それは許されました。ヨセフは、これまでだれも葬られていない、岩を掘って造った横穴の墓に、亜麻布に包んだイエスの遺体を納め、その入り口に円柱状の石を転がしておきました（ルカ二三・五〇〜五三）。安息日を控えていたために遺体に十分な処置ができなかった、と考えた女たちは、安息日が明けた日曜日の朝にさらなる処置をしようと考えた、と推測できます。

日曜日の朝、まだ夜が明ける前に、女たちは遺体に塗る香料を携えて、イエスの遺体が納められている墓に向かいました。早朝を選んだ理由は書かれていません。危険を避けるためであったのでしょうか。それとも、できるだけ早く処置をしよう、と思ったからでしょうか。

ところが、エルサレムの町からそれほど離れていない場所にあった墓に着くと、石が転がされてあり、イエスのからだはありません（二四・二～三）。理解できない状況で戸惑っている女たちの前に二人の人が現れ、告げました。

「あなたがたは、どうして生きている方を死人の中に捜すのですか。ここにはおられません。よみがえられたのです。まだガリラヤにおられたころ、主がお話しになったことを思い出しなさい。人の子は必ず罪人たちの手に引き渡され、十字架につけられ、三日目によみがえると言われたでしょう。」（五～七節）

いったい何がここで告げられたのでしょうか。まず、十字架で死んだはずのイエスは「生きている」ということが告げられています。「死人」の住まいである墓にはいないというのです。さらに、「よみがえらされた」（私訳）ということが告げられています。普通は「よみがえられた」と訳すでしょう。しかし、正確には「よみがえった」のではありません。イエスが自分で死人の中から起き上がられたのではありません。イスラエルの神が、創造の神がイエスを「よみがえらせた」のです。それで、イエスは「よみがえらされた」のです。死んだイエスを神が死人の中から復活させたので、「罪人たちの手に引き渡され、十字架につけられ」たことと同様に、イエス自らが約束しておられたことが実現したのです。

「復活」は、仮死状態であった人が蘇生したときに用いることばではありません。死んだイエスの幽霊を見たとしても、もしくはイエスと深い関わりのある御使いを見たとしても、それをイエスの復活と呼ぶことはありません（使徒一二・一五では、ペテロは殺されたと思い込んでいた人々が、ペテロの声を「ペテロの御使い」のものだと勘違いしています）。イエスは、古いからだとの連続性はありつつも（ですから、後にその方がイエスであることはわかります）、全く新しいからだをもった者として（ですから、扉が閉まった部屋にも入って行けるのです）復活されたのです。人間のことばでは表現できない、驚くべき神のわざが起こりました。福音書はそのような状況を証言しています。

死者の復活はダニエル書一二章一～三節に描かれています。

その時、あなたの国の人々を守る大いなる君
ミカエルが立ち上がる。
国が始まって以来その時まで、

かつてなかったほどの苦難の時が来る。
しかしその時、あなたの民で、
あの書に記されている者はみな救われる。
ちりの大地の中に眠っている者のうち、
多くの者が目を覚ます。
ある者は永遠のいのちに、
ある者は恥辱と、永遠の嫌悪に。
賢明な者たちは大空の輝きのように輝き、
多くの者を義に導いた者は、
世々限りなく、星のようになる。

「目を覚ます」、「永遠のいのち」、「大空の輝きのように輝」く、「星のようになる」（三節）という表現が用いられています。「多くの者」、「賢明な者たち」（同節）、すなわち最後まで主に従い抜いた人々に神は復活を与えられるのです（一一・三二〜三五）。この箇所では、全被造物完成の時に与えられる包括的な復活が述べられています。ユダヤ人、特にパリサイ派の人たちは、ダニエル書に記されている復活と被造物の完成を心待ちにしていました。ところが、だれ一人として予想していないことが起こりました。全被造物の完成が起こる前に、また、義なる人々が復活させせられる前に、十字架に架けられたイエスが、ただひとりだけ先に死人の中から復活させられたのです。

イエスは十字架の予告とともに復活の予告をしておられました（たとえば、マルコ八・三一、九・三一、一〇・三四）が、弟子たちは十字架の予告以上には復活の予告を真に受けていませんでした。ラザロが死んだとき、マルタも復活を信じていましたが、それは「終わりの日」の義なる人々の復活でした（ヨハネ一一・二四）。ユダヤ人たちにとって、復活といえば、被造物の回復の時の死人の復活以外考えられなかったのです。ですから、イエスひとりだけ先に復活したことは、復活を信じていた人々にとっても想定外でした。しかし、天地創造の神はそのようなわざをなさったのです。

ですから、「ここにはおられません。よみがえられたのです」（ルカ二四・六）は、イエスの復活の良い知らせです。福音です。そして、この福音は、神はイエスを正しい方だと認めた、という知らせにとどまらず、死んでも死なないいのちがあることが証明された、という知らせにもとどまりません。創世記の初めから約束されていた、全被造物を完成するという神の約束が、驚くような形で実現し始めた、という知らせなのです。

復活したイエスこそ「新しい人」であり、「新しい世界」です。ですから、だれでも復活したイエスの「うちにある」ならば、「新しい創造」です。新しい天と新しい地の到来が、被造物の完成が、ひとりの人、イエスのうちにまず実現したからです。神の約束が忘れられたのではないか、と感じるような世界の真ん中で、神は約束を具体的にかたちにし始められました。そして、復活したイエスから、全被造物の完成と新しい天と新しい地の到来が目に見える形になっていきます。

復活からすべてを見直す

イエスの復活の知らせが伝えられたからといって、弟子たちがそれをすぐに理解し、受け入れたわけではありませんでした。イエスとともに行動し、その声を聞き、その十字架を目の当たりにし、復活した方に出会った弟子たちさえも、イエスの働きの全体像をすぐに理解できたわけではありませんでした。

空っぽの墓の事実とイエスの復活の知らせが弟子たちに伝えられました。しかし、このことを聞いても、弟子たちは、それをエルサレム中に告げ知らせたわけではありませんでした。さらに、二人の弟子（クレオパ〔二四・一八〕は「クロパ」と同一人物と考えられ、彼がその妻マリア〔ヨハネ一九・二五〕とともに旅をしていたと推測される）は、都から去り、自宅があったであろうエマオへと一一キロばかりの道のりを帰って行きました。失望と困惑の旅であったのでしょう。二人は、イエスの上に起こった一連の出来事を話題にしつつ旅路を進んで行きました。イエスの復活の知らせと空っぽの墓をどう理解すればいいのか、わからなかったからです（ルカ二四・一九〜二四）。

メシアが聖なる都でイスラエルの王としての即位を宣言し、そこを占拠しているローマ軍を追放し、神殿の汚れを完全に取り去り、イスラエルの栄光をダビデの時代のように回復する、と弟子たちは期待していました。この二人もそうだったでしょう。ところが、イエスは王として即位することなどなく、むしろローマ軍によって十字架に架けられてしまいました。彼らは失望しました。そのうえ、終わりの日にすべての忠実なイスラエルの上に復活が起こることを、パリサイ派の人々と同様に信じていた彼らにとって、全イスラエルではなく、イエスひとりだけが復活したという知らせは驚きでした。伝え聞いた知らせをどのように理解してよいのか、困惑していました。ですから、このことを語りつつ、旅を続けたのでしょう。

そのような彼らに、復活したイエスご自身が現れました。そして旧約聖書から、ここ数日で起こった出来事の意味を解説なさったのです。

そこでイエスは彼らに言われた。「ああ、愚かな者たち。心が鈍くて、預言者たちの言ったことすべてを信じられない者たち。キリストは必ずそのような苦しみを受け、それから、その栄光に入るはずだったのではありませんか。」それからイエスは、モーセやすべての預言者たちから始めて、ご自分について聖書全体に書いてあることを彼らに説き明かされた。(二五～二七節)

預言者たちのことばのみならず（二五節）、モーセが代表する律法、歴史書を含む「すべての」預言者、そして、詩篇を含む詩歌からイエスは語られました（二七節）。そして、神の摂理的な計画のクライマックスであるメシアは、苦難と復活抜きではその使命を全うすることはできない、と断言されたのです（二六節）。十字架で苦しむメシアは弟子たちにとっては全く予想外だったでしょうが、苦難こそメシアに不可欠な使命だったのだ、とイエスは解説なさいました。さらに、苦難の後の栄光、すなわち復活も当然のことだ、と告げられました。驚くべき解説でした。しかし、弟子たちの目が遮られていたので（一六節）、イエスがこのことを語っていることに気がつきませんでした。

イエスはエマオで二人とともに泊まることとなりました（二九節）。到着した三人は、一つの食卓に着きました。粗末ではあったでしょうが、パンが用意されました。十字架に架けられる直前になされたように（二二・一九）、イエスがそのパンを取り、天の神に祝福の祈りをささげ、パンを裂き、彼らに渡されました（二四・三〇）。まさにその時、彼らの遮られていた目が開かれたのです。そして、共にいた方がイエスであることに二人の弟子は気づきました（三一節）。ところが、その瞬間、今度は、イエスご自身が見えなくなりました。イエスは見えなくなりましたが、彼らは、聖書に書かれている複雑なパズルを解く一本の筋を見いだしたのです。

聖書全体を理解する手がかりがここに描かれています。旧約聖書の全体像を理解するためには、イエスの十字架と復活が必要です。さらに、イエスに出会い、ご自身の十字架と復活の意義を語っていただき、「心が内で燃える」（三二節）、すなわち神の霊の働きを経験しなければ、旧約聖書に書かれていることの全体像は理解できません。ですから、イエスはこのあと、エルサレムに集まっている弟子たちの間に現れて、彼らに旧約聖書をご自身の十字架と復活、そして弟子たちの宣教から解説をしておられます（四四〜四八節）。

そして、復活からイエスのことを見直したとき、十字架の意味が明らかになります。十字架は、ローマの人々にとって最も残虐な死刑の方法であり、ユダヤの民にとって神ののろいを象徴していました（申命二一・二二〜二三）。ですから、パウロは次のように言っています。

ユダヤ人にとってはつまずき、異邦人にとっては愚かなことです。（Ⅰコリント一・二三）

イエスが十字架で殺されただけだとしたら、神にのろわれた罪人、数多くの反ローマ勢力の一人にすぎなかったでしょう。イエスと同じ時代、ユダヤ人の王を自称し、ローマに反旗を翻し、捕らえられ、十字架に架けられた者が数多くいましたし、律法がそのことを明確に語っているからです。しかし、イエスが復活させられたことによって、イエスの十字架は神ののろいではないことが明らかになりました。神はのろわれた罪人をよみがえらせはしないからです。ですから、復活こそ、十字架を通してなされた罪に対する勝利が本物であることの確かな証拠であり、神が、イエスの言動を正しいものであるとお認めになった証拠でもあるのです。

このように、イエスの復活からすべてを見直すことによって初めて、聖書全体を理解でき、イエスの働きの意義を理解できるのです。

昇天

復活したイエスは、四十日間、弟子たちにたびたび現れました（使徒一・三）。そして、四十日目に弟子たちの見ている前で天に昇られました（九節）。イエスの昇天はどのように理解するべきなのでしょうか。

ペテロは、ペンテコステの日の説教において、次のように語っています。

ですから、神の右に上げられたイエスが、約束された聖霊を御父から受けて、今あなたがたが目にし、耳にしている聖霊を注いでくださったのです。（二・三三）

昇天したイエスは、「神の右に上げられた」のです。天にある神の王座の右に着座しておられるのです。

「神の右の座」とは、ダビデの子である来たるべき王、メシアに対して、イスラエルの神である主が与える王座のことです。このことは詩篇に記されているとおりです。

主は　私の主に言われた。
「あなたは　わたしの右の座に着いていなさい。
わたしがあなたの敵を
あなたの足台とするまで。」（詩篇一一〇・一）

神の右の座は一国の王の王座ではなく、世界の王の王座です。ですから、パウロはエペソ人への手紙で次のように書いています。

この大能の力を神はキリストのうちに働かせて、キリストを死者の中からよみがえらせ、天上でご自分の右の座に着かせて、すべての支配、権威、権力、主権の上に、また、今の世だけでなく、次に来る世においても、となえられるすべての名の上に置かれました。（一・二〇〜二一）

神の右の座に着いているイエスは、今や、「すべての支配、権威、権力、主権の上」に立っておられます。詩篇二篇が描いている、世界のあらゆる王たちの上に立つ、世界の王こそ昇天されたイエスです。同様のことは、ピリピ人への手紙二章九節やヘブル人への手紙一章にも綴られています。

興味深いのはマタイの福音書です。この福音書には、イエスの昇天の記事が記されていません。しかし、その最後の語りにおいて、イエスご自身が次にように語っておられます。

「わたしには天においても地においても、すべての権威が与えられています。」（二八・一八）

神の領域である天においてのみならず、私たち被造物が生きている地においても、イエスには一切の権威が授けられている、イエスこそ世界の王である、と語られたのです。ですから、マタイの福音書もイエスの昇天を前提にしていることがわかります。

天地の創造の際、神は人に、「生めよ。増えよ。地に満ちよ。地を従えよ。海の魚、空の鳥、地の上を這うすべての生き物を支配せよ」（創世一・二八）と命じておられます。地上における神のかたちとしての使命、すなわち王としての統治の使命がアダムに与えられたのです。しかし、最初の人アダムは、この使命を果たすことができないままでいました。しかし、イスラエルを通してこの使命の回復に取り組んだ神は、「第二のアダム」（Ⅰコリント一五・四七参照）であるイエスに、アダムに与えられた使命をお与えになったのです。そして、今もイエスは、「見えない神のかたち」（コロサイ一・一五）としての使命、すなわち全地の王としての働きを天において果たしておられるのです。

天に昇られたイエスのもう一つの働きは、地のためにとりなす祭司の務めです。旧約聖書における祭司の働きは、すでに述べたように、主へのささげ物を世界の民に代わって献げ、きよさと汚れを区別することを教え、主の祝福を取り次ぐことでした。このような働きをするために、祭司には様々な規制が与えられていました（レビ二一章参照）。けれども、これらの規制のゆえに祭司は神に近づくことが許され、神と人の間に立って、神に代わって人に祝福をもたらし、人から献げられた神へのささげ物や祈りを彼らに代わって神にささげることができたのです。

しかし、普通の祭司には限界がありました。この限界については、ヘブル人への手紙七章二三〜二八節にいくつか記されています。まず、人は必ず死ぬために、ひとりの人が継続して祭司の働きを続けることができず、次々と数多くの人が祭司として立てられなければなりません（二三節）。次に、祭司自身も、人であり、罪人なので、民の罪のためにいけにえを献げる前に、まず自分自身のためにささげ物をしなければなりませんでした（二七節)。このようにして、祭司は様々な問題(つまり、「弱さ」〔二八節〕)を抱えているので、どこか欠けがあるのです。

ところが、天に昇られたキリストは、王であるのみか、祭司としても働いてくださっている、とヘブル人への手紙は語っています。

以上述べてきたことの要点は、私たちにはこのような大祭司がおられるということです。この方は天におられる大いなる方の御座の右に座し、人間によってではなく、主によって設けられた、まことの幕屋、聖所で仕えておられます。(八・一〜二)

イエスこそ、天にあるまことの聖所で仕える大祭司です。そして、地上の祭司の欠点を天の祭司はもっていません。復活し、死に打ち勝ったゆえに、永遠に生きていて(七・二四〜二五)、継続し、変わることなく、祭司の務めを続けておられます(二四節)。そして、「いつも」祭司のわざをし続けているので、あらゆるときに祭司として神の前にとりなしてくださるのです(二五節)。さらに、聖であって、悪はなく、汚れもなく、罪人からは全く区別され、特別である方(二六節)なので、民のためにささげ物をする前に、自分のためにささげ物をする必要がありません(二七節)。自らを十字架で「ただ一度」献げ、そのことによって必要なすべてを献げた結果、すべてが満たされたからです(同節)。

このようにして、天に昇り、神の御座の右に座している主は、天において地の王として地を支配し、これを神の代理として導くとともに、天において地のための大祭司として、今も、地にいる人々のために天の神にとりなしをしてくださっています。ですから、キリストは、天におられる、天と地を結ぶまことの神のかたちなのです。天と地が重なる神殿そのものなのです。そして、天におられるからといって、地とは無関係ではありません。キリストが昇天されたからこそ、天と地は、今までよりもより深く結び合わされているのです。

〈まとめ〉

一　バビロン捕囚という困難の中、アブラハムとの契約とダビデとの契約を更新し、イスラエルを回復するために、神は、ユダヤ人の王であるイエスを送られた。

二　イエスは、バプテスマと荒野の誘惑を通して自らが忠実なイスラエルであることを明らかにされた。そして、神の王国を宣言し、しるしをもってその到来を示すことを通して、イスラエルの神が今まさに王となろうとしておられることを体現された。

三　イエスは、モーセを介する契約を全く相対化したのではなく、まとめられた律法、つまり律法の本質に対する忠実さを重んじられた。

四　神の王国の完成は、イエス自らがユダヤ人とローマ人によって苦しめられ、十字架で殺されることによって実現する。それは、彼らの背後で支配している罪に対する勝利を目的にしているからである。そして、十字架においてユダヤ人の王としてイエスは即位された。そして、そのことを通して、イスラエルの神である主は、エルサレムに帰還し、不忠実な神殿に対する審判を下された。

五　イエスは三日目に復活された。その復活により、十字架における罪に勝利したこと、自らが全被造物を支配する王として任命されたこと、そして全被造物の更新が始まったことを明らかにされた。

六　ご自身が幕屋や神殿と等しくされていることからも、イエスのこれらのすべてのわざは、天の神がイエスを通して地上に行われたわざであることがわかる。

七　天に昇ったイエスは、天にいる王、すなわち神のかたちとして地上を支配し、導くとともに、天にいる祭司として地の民の祈りを神にとりなしておられる。

Ⅵ　教会・神のかたちの民による福音の宣証〈使徒の働き～書簡〉

イエスの働きは、ほぼユダヤ人の間に限定されたものでした。それは、イエスご自身がイスラエルの歴史を体現し、自らが忠実なイスラエルとなり、その王となり、イスラエルの使命を果たすためでした。イエスは、十字架において自らを救わないことによって、本当の敵である悪の支配と戦い、完全に勝利されました。そして、イスラエルの神である主がエルサレムへ帰還することを体現し、イスラエルの不忠実を集約した神殿へのさばきを自らの身に負われたのです。このようにして、イエスは、旧約聖書から続く物語においてイスラエルの使命を全うし、まことの神のかたちとしてそのわざを完成されました。さらに、復活において罪への勝利が確かであることを人々に示し、新しい天と地を自ら始められたのです。

しかし、「聖書六十六巻を貫く一つの物語」はここで終わるわけではありません。イスラエルがその使命を全うしたとき、必然的に諸国民に神の祝福が広げられていくからです。ですから、福音書のうち三つには、イエスの十字架と復活に続いて、諸国民への働きが述べられています。

イエスは近づいて来て、彼らにこう言われた。「わたしには天においても地においても、すべての権威が与えられています。ですから、あなたがたは行って、あらゆる国の人々を弟子としなさい。父、子、聖霊の名においてバプテスマを授け、わたしがあなたがたに命じておいた、すべてのことを守るように教えなさい。見よ。わたしは世の終わりまで、いつもあなたがたとともにいます。」（マタイ二八・一八〜二〇）

それからイエスは、聖書を悟らせるために彼らの心を開いて、こう言われた。「次のように書いてあります。『キリストは苦しみを受け、三日目に死人の中からよみがえり、その名によって、罪の赦しを得させる悔い改めが、あらゆる国の人々に宣べ伝えられる。』エルサレムから開始して、あなたがたは、これらのことの証人となります。（ルカ二四・四五〜四八）

イエスは再び彼らに言われた。「平安があなたがたにあるように。父がわたしを遣わされたように、わたしもあなたがたを遣わします。」こう言ってから、彼らに息を吹きかけて言われた。「聖霊を受けなさい。あなたがたがだれかの罪を赦すなら、その

人の罪は赦されます。赦さずに残すなら、そのまま残ります。」（ヨハネ二〇・二一～二三）

イエスは、マタイの福音書では「あらゆる国の人々」を弟子とする責任を弟子たちに委ねておられます。ルカの福音書では、キリストの十字架と復活からの当然の帰結が、「あらゆる国の人々」への悔い改めの宣教と、弟子たちが彼らの間での証人となることが予告されています。そしてヨハネの福音書では、父がイエスをイスラエルに遣わしたのだから、今度はイエスが弟子たちを諸国民に遣わすことが示唆されています。

A　福音の宣証と異邦人への拡大

五旬節の日の聖霊降臨

イエスが復活した日から五十日目は、ユダヤの祭りである五旬節にあたります。過越の祭りと種を入れないパンの祭りは、大麦の収穫を祝いつつ、出エジプトを記念するものです（出エジプト一二～一三章）。一方で、五旬節は、小麦の収穫を祝いつつ、シナイ山における律法の授与（一九章）を記念する祭りでした。

五旬節の日、エルサレムに集まっていた弟子たちの上に神のわざが起こりました。イエスが彼らの上に聖霊を下されたのです。

五旬節の日になって、皆が同じ場所に集まっていた。すると天から突然、激しい風が吹いて来たような響きが起こり、彼らが座っていた家全体に響き渡った。また、炎のような舌が分かれて現れ、一人ひとりの上にとどまった。すると皆が聖霊に満たされ、御霊が語らせるままに、他国のいろいろなことばで話し始めた。（使徒二・一～四）

物音を聞いたエルサレムの多くの人が弟子たちのところに集まり、いったい何が起こっているのか、この弟子たちに問いました（七～一一節）。そのときペテロは、他の十一人の者とともに立ち上がって、次のように語っています。

「これは、預言者ヨエルによって語られたことです。
『神は言われる。
終わりの日に、わたしは
すべての人にわたしの霊を注ぐ。
あなたがたの息子や娘は預言し、
青年は幻を見、老人は夢を見る。

その日わたしは、
わたしのしもべにも、はしためにも、
わたしの霊を注ぐ。
すると彼らは預言する。
また、わたしは上は天に不思議を、
下は地にしるしを現れさせる。
それは血と火と立ち上る煙。
主の大いなる輝かしい日が来る前に、
太陽は闇に、月は血に変わる。
しかし、主の御名を呼び求める者は
みな救われる。』」（一六〜二一節）

ペテロはヨエル書二章二八〜三二節を引用しています。つまり、老若男女、主人奴隷の区別なく注がれる聖霊は終わりの日の到来を表し、「主の名を呼び求める者はみな救われる」（使徒二・二一）とあるように、諸国民への祝福の広がりをも示唆しています。

それとともに、旧約聖書との関わりを考えると、聖霊が注がれた出来事は、エゼキエル書に描かれていた、神の栄光のエルサレムへの帰還です。

彼は私を東向きの門に連れて行った。すると見よ、イスラエルの神の栄光が東の方から現れた。その音は大水のとどろきのようで、地はその栄光で輝いた。私が見た幻は、かつて主がこの町を滅ぼすために来たときに私が見た幻のようであり、またその幻は、かつて私がケバル川のほとりで見た幻のようでもあった。私はひれ伏した。**主**の栄光が東向きの門を通って神殿に入って来た。霊が私を引き上げ、私を内庭に連れて行った。なんと、**主**の栄光が神殿に満ちていた。（エゼキエル四三・一〜五）

聖霊こそが、エゼキエル書が語っている神殿を満たす主の栄光です。ただし、ペンテコステの日に聖霊が下ったのは、エルサレムの神殿ではありませんでした。エルサレムに、とどまっている弟子たちの間でした。イエスの十字架において明らかになったように、神殿はその役割を終えたのです。こうして、イエスの十字架から始まった、イスラエルの神である主のエルサレムへの帰還は、弟子たちの上に聖霊という神の栄光が下ることによって完了しました。

聖霊が下った後、弟子たちは様々な国のことばで話し始め、「神の大きなみわざ」（使徒二・一一）、つまり、神は十字架につけられたイエスを主、メシア（ユダヤ人の王）、つまり世界の王としてお立てになったという福音を語り始めました。このメッセージは、地中海沿岸に住むユダヤ人たちにとっても画期的なものでした。

まず、十字架で殺されたイエスがキリストであるということは、当時の人々にとってはありえないことでした。十字架に架けられたならば、それはメシアとしての働きを全うできなかった、と考えるのが普通でした。イエスの十字架に特別な意義があるのは、イエスが復活されたからです。

さらに、十字架で殺されたイエスがユダヤ人の王であり、世界の王であると述べるということは、当時の世界を治めていたローマ帝国に反旗を翻すことでした。ローマ帝国の支配者として君臨するローマ皇帝こそ世界の王であると人々が理解する世界で、イエスの弟子たちだけは、ローマ皇帝が主ではない、イエスこそ主であり、世界の王であると宣証し始めたのです。福音のメッセージは、単なる霊的なことにとどまりません。政治的な意味をも含んでいました。

それでは聖霊が弟子たちの間に下ることによって、いったい何が変わったのでしょうか。イエスが父なる神から受けた聖霊を弟子たちに送り、その聖霊によって弟子たちが進めている働きは、もはや彼らの働きではありません。天の王座に就いておられるイエスの働きです。なぜならば、聖霊が下されたことによって、弟子たちも、王であるイエスのみこころに従って、天の父のわざを地上で行っているからです。神のかたちであるイエスが、神殿として天における神のわざをこの地上で行ってきたように、今度は弟子たちがそれを引き継いで、神のかたちとして神のわざを始めました。「父がわたしを遣わされたように、わたしもあなたがたを遣わします」（ヨハネ二〇・二一）というイエスのことばが、弟子たちの間で現実となり、彼らも地上における神殿の働き、つまり、神のかたちとしての働きを進めるようになりました。

ちなみに、出エジプト記の幕屋においては、主の栄光が幕屋にあり、その結果、民は主とともに住む者として歩みを続けました。ソロモンの神殿においても、主の栄光が臨在する神殿を中心として、イスラエルの民は、主から与えられた約束の地で主とともに住む民でした。そして、今、聖霊が弟子たちの間にとどまることによって、彼らは天の神のわざを地においてて進めるのみならず、地にあって、天の神とともに住む民となりました。このようにして、新しい神の民が、すなわち神のかたちとして地上で神のわざをなす民が、キリストと聖霊によって誕生したのです。

異邦人も神の民に加わる

弟子たちが福音を語り始めたとき、宗教権威者たちは彼らの働きに反対しました。弟子たちのある者は捕らえられました。そして、ギリシア語を話すユダヤ人の指導者であったステパノの殉教（六～七章）をきっかけに、クリスチャンたちは、ユダヤとサマリアへと散らされて行きました（八・一）。

散らされて行くことは、神の福音の宣証の敗北ではありませんでした。それはその拡大となりました。今度は、サマリアにおいて、ピリポの伝道によりバプテスマを受け、聖霊を受ける人が起こりました（八・一〜二五）。さらに、ガザに下る道において、エチオピア人の女王カンダケの高官である宦官にもバプテスマが授けられました（二六〜三九節）。彼はすでにイスラエルの神である主に帰依しており、ユダヤ人の律法を重んじる「神を恐れる者」でした（一三・一六、二六参照）。こうして、イエスがメシアであるという福音は、まず、ユダヤ人と彼らの神にすでに帰依していた異邦人たちの間に広がって行きました。

ところが、地中海沿岸の町カイサリアで驚くべきことが起こりました。そこに駐留しているイタリア隊と呼ばれるローマ軍に属する百人隊長コルネリウスは、ローマ人（もちろん、ローマ市出身であるとは限りませんが、ローマ帝国の市民権はもっていたと想像されます）であり、異邦人でした。ただし、敬虔な人で、全家族とともに神を恐れかしこみ、ユダヤの人々に多くの施しをなし、いつも神に祈りをささげている人でした（一〇・二、二二）。つまり、異邦人でありながら、イスラエルの神を神としていたのです。それでも、ペテロを含めたユダヤ人は、ローマ帝国の軍隊に仕えていることから、コルネリウスを汚れた存在とみなし、食を共にするような「深い」交わりをもつことはありませんでした。

しかし、幻を見たペテロ（九〜一六節）は、コルネリウスからの招きを受け、彼らのいるカイサリアに行きました。そして、そこで福音を語ったのです（三四〜四三節）。福音を聞いたのは、コルネリウスだけでなく、彼の家に集まっている数多くの異邦人たちでした（二七節参照）。イスラエルの神である主を信奉する人もいたでしょうが、そうでない人も数多くいたと推測できます。

そのときに何が起こったのでしょうか。

ペテロがなおもこれらのことを話し続けていると、みことばを聞いていたすべての人々に、聖霊が下った。割礼を受けている信者で、ペテロと一緒に来た人たちは、異邦人にも聖霊の賜物が注がれたことに驚いた。彼らが異言を語り、神を賛美するのを聞いたからである。するとペテロは言った。「この人たちが水でバプテスマを受けるのを、だれが妨げることができるでしょうか。私たちと同じように聖霊を受けたのですから。」ペテロはコルネリウスたちに命じて、イエス・キリストの名によってバプテスマを受けさせた。それから、彼らはペテロに願って、何日か滞在してもらった。

（四四～四八節）

ペテロが語ったイエスについての福音、そしてイエスに信頼することへの招きのことばを通して、神は、聞いている人々の間に聖霊を下し（四四節）、異邦人の間に聖なる神の臨在が鮮やかに現されました。異邦人たちが異言を語り、イスラエルの神をあがめ始めたからです（四六節）。聖なる神の賜物が異邦人に与えられました。ですから、彼らの間にイスラエルの聖なる神が聖霊によってとどまっておられることは、だれの目にも明らかでした。

聖霊が下ったのは、全家族とともに神を恐れかしこみ、ユダヤの人々に多くの施しをなし、いつも神に祈りをささげていたコルネリウスの家のものだけではありません。みことばを聞き続けていた多くの異邦人の上にも神の聖なる霊が下ったのです。先ほど述べたように、ユダヤ人の目から見るならば、異邦人は汚れた存在であり、神に属する霊、聖霊が下ることなどあり得ません。ところが、この出来事を通して、世界の王であるイエスを信じるならば、神は異邦人たちを「汚れた者」ではなく、神の民、すなわち「聖霊」がとどまる「聖なる民」として受け入れてくださることが明らかになりました。言い換えるならば、異邦人にも罪の赦しが与えられたのです。ですから、ペテロは彼らに水のバプテスマを授けるように命じました（四八節）。彼らが律法のきよめの規定を守らなくても、神の民の一員に加えられたからです。

この出来事はエルサレムにいるユダヤ人クリスチャンたちを驚愕させました（一一・二）。しかし、ペテロの証しを通して、異邦人もユダヤ人も一つの神の民であることが彼らの間でも確認されました（一～一八節）。ですから、ペテロの説得に対して、人々は次のように答えています。

人々はこれを聞いて沈黙した。そして「それでは神は、いのちに至る悔い改めを異邦人にもお与えになったのだ」と言って、神をほめたたえた。（一八節）

このようにして、諸国民を含む一つの神の民が誕生しました。もちろんこの後、異邦人とユダヤ人の間で調整すべきことはありましたが（一五・一〜二九）、アブラハムに約束された、世界大の神の家族がここに誕生したのです。そして、この神の家族を教会と呼び、神のかたちの現れとして世界へと拡がっていたのです。

福音はローマへ

使徒の働きの初めで、イエスはこう語られました。

「聖霊があなたがたの上に臨むとき、あなたがたは力を受けます。そして、エルサレム、ユダヤとサマリアの全土、さらに地の果てまで、わたしの証人となります。」（一・八）

イエスのこのことばのとおり、聖霊が弟子たちに下り、福音はエルサレムから始まり、ユダヤとサマリアの全土へと広がって行きました。その結果、二つのことが起こりました。まず、先に述べたように、異邦人たちも神のことばを受け入れました（一〇～一一章）。次に、ユダヤとサマリアの全土の王を自任しているヘロデ（アグリッパ一世）によって強力な迫害が起こる一方で、このヘロデは主に打たれていました（一二章）。こうして、イエスのことばは確実に実現していきました。

使徒の働き一三章以降、イエスの福音が「さらに地の果てまで」広がって行く次第が描かれていきます。この後半の部分の最も重要な登場人物がパウロです。

パウロは、サウロとも呼ばれていました（七・五八、八・一、九・一）。イエスの弟子たちの迫害に賛成していた彼が、ステパノの殉教の場に一緒にいたことも記録されています。ところが、彼がイエスの弟子たちを見つけ、縛り上げ、エルサレムに連れて帰ろうとダマスコに向かって行く途中、突然に復活のイエスに出会い、異邦人に福音を伝える者としての召命をいただきました（九章）。ここで、イエスは彼の使命を次のように語っておられます。

「あの人はわたしの名を、異邦人、王たち、イスラエルの子らの前に運ぶ、わたしの選びの器です。彼がわたしの名のためにどんなに苦しまなければならないかを、わたしは彼に示します。」（一五～一六節）

異邦人に福音を伝え、そのことのゆえに苦しむのが彼の使命でした。

パウロの初期の働きはほとんど記されていません。しかし彼の召命後、いくつかのことが起こりました。まず、異邦人に聖霊が下り（一一章）、異邦人への福音宣教の道が確認されました。さらに、ユダヤの地域を支配しているはずのヘロデのもとからペテロが救出され（一二・一～一九）、ヘロデ自身が主の使いに打たれることを通して（二〇～二三節）、ユダヤとサマリアの全土の本当の支配者はヘロデではないことが明らかにされました。そこまで進んで初めて、パウロが主役として登場します。焦点が異邦人宣教へと移るからです。

一三章以降、パウロは小アジア方面へ宣教を行い（一三～一四章）、次に、マケドニア、ギリシア方面にまで足を伸ばし、エルサレムに立ち寄った後、アンティオキアに戻りました（一五・三五～一八・二二）。さらに、再度、ギリシア、マケドニアから小アジアに向かい、最後には、エルサレムの教会に異邦人のクリスチャンたちからのささげ物を届けるため、都へと戻りました（一八・二三～二一・一四）。ところが、そこで起きた騒乱がもとでパウロは捕らえられ（二一・一五～二二・二九）、議会にかけられ、カイサリアに護送されます（二二・三〇～二六・三二）。しかし皮肉にも、パウロを捕らえたローマ軍の手によって、嵐の中を漂流しつつも、彼は念願のローマへと到着するのです。

ローマは、当時の世界を治めていたローマ皇帝のお膝元です。ローマに行けば、だれもが「この世界を治めているのはローマである。そして、その王はローマ皇帝である」と感じたでしょう。そして、そこに住む多くの人は「ローマ皇帝こそ主である」と告白していました。

ところが、その場所にパウロはまる二年間、滞在しました。当初は、ユダヤ人たちにイエスの福音を語りました（二八・一七〜二八）。信じる者もそうでない者もいましたが、パウロは再度、自らが異邦人への使徒であると宣言します（二八節）。そして、ローマで異邦人たちに神の王国のことを、メシアである主イエスのことを語り、教え続けるのです。使徒の働きは次のようなことばをもって終わっています。

パウロは、まる二年間、自費で借りた家に住み、訪ねて来る人たちをみな迎えて、少しもはばかることなく、また妨げられることもなく、神の国を宣べ伝え、主イエス・キリストのことを教えた。（三〇〜三一節）

福音書のような終わり方ではありません。これだけ波瀾万丈な内容の使徒の働きが、本当にさりげなく終わっています。しかし、ここで描かれているのは、ローマ皇帝こそ王であると信じ、そのように生きている人々のただ中で、イスラエルの神が王として勝利した、神の王国は到来した、と語っているパウロの姿です（「神の国を宣べ伝え」）。つまり、「主」と呼ぶに最もふさわしいのはローマ皇帝だと信じられている町で、パレスチナの小国であるイスラエルの王、メシアであるイエスこそ、まことの主である（「主イエス・キリストのことを教えた」）と語る福音を教えているのです。ヘロデがユダヤとサマリアの全土の本当の支配者ではないように、ローマ皇帝も全世界の本当の支配者ではありません。十字架に架けられ、三日目によみがえり、天の王座に就いておられるイエスこそ、この世界の本当の支配者なのです。パウロは、いわば敵の本丸で、本当の主を、穏やかに宣べ続けたのです。

こうして、イエスの福音は、ユダヤという地域や、ユダヤ人という民族に限定されるものではなく、全世界のすべての民に宣べ伝えられるべきものであることが明らかにされていきました。昇天し、神の右に座し、天と地のすべての権威を授けられた神のかたちであるイエスの支配が、聖霊が注がれたその弟子たち、すなわち神のかたちである弟子たちによって地で実現し始めたのです。そして、パウロのローマ滞在はその具体的な現れでした。

このようにして、福音はユダヤ人のみならず、すべての国の民の間に広がって行きました。アブラハムに対して神が約束された、彼の子孫を通して世界の民を祝福するという約束が確実に成就していきました。そして、神にとっての選びの地は、もはやエルサレムではなく、全世界であるということも明らかにされていったのです。

B　イエスの弟子たちが伝えた福音

さて、イエスの弟子たちはどのような福音を語ったのでしょうか。

パウロは、自身が語った福音をコリント人への手紙第一、一五章一～一一節にまとめています。「御子の福音」（ローマ一・九）とあるように、パウロが語った福音は、まさに御子であるメシア（ギリシア語では「キリスト」）についての知らせです。

兄弟たち。私があなたがたに宣べ伝えた福音を、改めて知らせます。あなたがたはその福音を受け入れ、その福音によって立っているのです。私がどのようなことばで福音を伝えたか、あなたがたがしっかり覚えているなら、この福音によって救われます。そうでなければ、あなたがたが信じたことは無駄になってしまいます。私があなたがたに最も大切なこととして伝えたのは、私も受けたことであって、次のことです。キリストは、聖書に書いてあるとおりに、私たちの罪のために死なれたこと、また、葬られたこと、また、聖書に書いてあるとおりに、三日目によみがえられたこと、また、ケファに現れ、それから十二弟子に現れたことです。その後、キリストは五百人以上の兄弟たちに同時に現れました。その中にはすでに眠った人も何人かいますが、大多数は今なお生き残っています。その後、キリストはヤコブに現れ、それからすべての使徒たちに現れました。そして最後に、月足らずで生まれた者のような私にも現れてくださいました。私は使徒の中では最も小さい者であり、神の教会を迫害したのですから、使徒と呼ばれるに値しない者です。ところが、神の恵みによって、私は今の私になりました。そして、私に対するこの神の恵みは無駄にはならず、私はほかのすべての使徒たちよりも多く働きました。働いたのは私ではなく、私とともにあった神の恵みなのですが。とにかく、私にせよ、ほかの人たちにせよ、私たちはこのように宣べ伝えているのであり、あなたがたはこのように信じたのです。（Ｉコリント一五・一～一一）

ここで語られているものを見ると、福音には少なくとも三つの要素が含まれていることがわかります。

まず、メシアの死、葬り、三日目の復活、数多くの人々への顕現という要素です（「死なれ……葬られ……三日目によみがえられ……現れました」〔三～六節〕）。福音書の後半の部分に描かれている出来事はこの知らせの重要な要素だ、とパウロは語っています。

次に、メシアの死と復活が「聖書に書いてあるとおりに」現実となった、ということです。ここで言われている「聖書」とは、パウロにとっての聖書、つまり私たちにとっての旧約聖書です。そこで、語られ、約束されていたことが実現し、旧約聖書の物語がそのクライマックスに到達したのです。旧約聖書との連続性も福音の重要な要素です。

三つめに、「私たちの罪のために」メシアは死んだということです。ここで言う「私たち」がだれなのか、少し曖昧です。というのは、パウロは直前にコリントの教会の人々を「あなたがた」と呼んでいるからです（三節）。しかし、「罪」という問題を解決するためにメシアは死んだことははっきりとしています。すでに述べたイザヤ書五三章を思い起こさせるひとことです。

しかし、彼は私たちの背きのために刺され、
私たちの咎のために砕かれたのだ。
彼への懲らしめが私たちに平安をもたらし、
その打ち傷のゆえに、私たちは癒やされた。（五節）

ローマ人への手紙一章二～四節にも、福音とは何かが記されています。

この福音は、神がご自分の預言者たちを通して、聖書にあらかじめ約束されたもので、御子に関するものです。御子は、肉によればダビデの子孫から生まれ、聖なる霊によ

れば、死者の中からの復活により、力ある神の子として公に示された方、私たちの主イエス・キリストです。

旧約聖書における約束（預言者を通して）や十字架と死人からの復活という要素は、コリント人への手紙第一に書かれているものと変わりません。しかし、「ダビデの子孫から生まれた」とあり、サムエル記第二、七章や詩篇、預言書に記されているダビデとの約束と福音が密接に結びついていることが強調されています。ダビデとの契約を主は守り、約束された王を送ってくださったこともこの知らせの大切な要素です。さらに、この方が「神の子」であることも強調されています。ここで言う「神の子」は、イエスが神であること以上に、ダビデ直系の王であり、それゆえに世界の王であることを指しています（詩篇二・七参照）。ですから、ダビデとの約束との結びつきは福音の重要な要素です。

さらに、テサロニケ人への手紙第一を見ると、福音には一つの要素があることがわかります。

私たちがどのようにあなたがたに受け入れてもらったか、また、あなたがたがどのように偶像から神に立ち返って、生けるまことの神に仕えるようになり、御子が天から来られるのを待ち望むようになったかを、知らせているのです。この御子こそ、神が

死者の中からよみがえらせた方、やがて来る御怒りから私たちを救い出してくださるイエスです。（一・九〜一〇）

テサロニケ人への手紙第一でも、イエスの十字架と復活が語られています。しかし、これらに加えてイエスの再臨の希望、「やがて来る御怒りから私たちを救い出してくださる……御子が天から来られる」（一〇節）という表現が新たに加わっています。つまり、イエスの再臨の希望こそ、福音の三番目の要素なのです。

こうして、旧約聖書に約束され（過去）、十字架に架けられて、三日目に復活させられた（現在）方が、やがて天から来られる（将来）、この過去と現在と将来を含む、王であるイエスに関する知らせこそ、イエスの弟子たちが宣べ伝えた福音です。この福音は、本書で語っている「聖書六十六巻が物語る一つの物語」の骨格にあたります。つまり、福音を語ることとは、聖書を貫く物語の骨格を良い知らせとして伝えることなのです。ここで一つ注目しておきたいことは、ここで語られている福音は、「人間が何かをした」という知らせではありません。神が約束し、神が御子を通してなされ、御子がやがて来られるという神の一方的な恵みのわざの知らせです。福音には人間の応答は含まれていません。

福音は、パウロだけが語ったものではありません。使徒の働きを見ると、この福音が様々な弟子たちの口を通して全地中海世界に告げ知らされています（使徒二・一四〜三九、三・一二〜二六、四・八〜一二、一〇・三四〜四三、一三・一六〜四一など）。そして、この福音が告げ知らされるとき、人々のうちに信仰が起こされています（二・四一〜四二、一〇・四四、一三・四二〜四四、四八〜四九）。それと同時に、福音が告げられるところでは多くの反対も起こっています（四・一〜三、一三・四五、五〇）。福音には、驚くべき力があります。そして、人はこの知らせを聞いたら、無関心ではいられないのです。

C　神のかたちの民の誕生――ユダヤ人と異邦人から成る一つの神の民

福音が語られたところに何が生み出されていったでしょうか。ユダヤ人と異邦人から成る一つの神の民が誕生しました。エペソ人への手紙からこの神の民の姿を見ていきましょう。なお、ガラテヤ人への手紙にも同様のことが綴られていますが、「律法の行い」や「義と認められる」や「神の御子の信仰」といった、かなり議論を醸し出す釈義に言及する必要があるので、ここでのエペソ人への手紙に限定することにします。

パウロは、「異邦人」と呼ばれる人々のところに行き、メシアであるイエスの福音を語り伝えました。ユダヤ人は、創世記一二章一〜三節で神から祝福の約束を受けたアブラハムの子孫です。アブラハムとの契約にしたがって割礼を受け、モーセを介する契約にしたがって律法を守ることこそ、彼らが継続してアブラハムの子孫の一員であり、神の民であることのしるしでした。逆に言うと、割礼もなく、モーセの律法を守っていない者たち、つまり「異邦人」は、ユダヤ人から見ると神の民に加わることができない存在でした。「汚れた民」と考えられており、ユダヤ人の仲間とみなされることはなく、彼らの中に滞在するとしてもただの寄留者にすぎませんでした。

そのような人々のところに福音を語り伝えようとするパウロの行動は、ユダヤ人たちには異様なものと見えたでしょう。神の民と全く無関係であった異邦人に、将来への希望などー切なかったからです。このことをパウロは次のように書いています。

あなたがたはかつて、肉においては異邦人でした。人の手で肉に施された、いわゆる「割礼」を持つ人々からは、無割礼の者と呼ばれ、そのころは、キリストから遠く離れ、イスラエルの民から除外され、約束の契約については他国人で、この世にあって望みもなく、神もない者たちでした。（エペソ二・一一～一二）

このような状況を大きく変えたのが、福音が告げているイエスの十字架と復活と昇天です。パウロはこの出来事について次のように語ります。

また、神の大能の力の働きによって私たち信じる者に働く神のすぐれた力が、どれほど偉大なものであるかを、知ることができますように。この大能の力を神はキリストのうちに働かせて、キリストを死者の中からよみがえらせ、天上でご自分の右の座に着かせて、すべての支配、権威、権力、主権の上に、また、今の世だけでなく、次に来る世においても、となえられるすべての名の上に置かれました。（一・一九～二一）

「大能」、「力」、「働き」という力に関することばが繰り返されています。そして、このような神の計り知れない力が働いたのが、特に死人からのキリストの復活と天上への昇天の出来事です。

けれども、この神の力の働きは、キリストにのみなされたものではありません。エペソ人への手紙で「あなたがた」（二・一、五、八、一一、一三など）と呼ばれていた異邦人にも、「私たち」（二・三、四、五、七、一〇など）と呼ばれていたユダヤ人にもこの力は大きな影響を及ぼしているのです。なぜならば、神は、「私たち」をキリストとともに導かれたからです。

しかし、あわれみ豊かな神は、私たちを愛してくださったその大きな愛のゆえに、背きの中に死んでいた私たちを、キリストとともに生かしてくださいました。あなたがたが救われたのは恵みによるのです。神はまた、キリスト・イエスにあって、私たち

をともによみがえらせ、ともに天上に座らせてくださいました。（四～六節）

キリストの復活と昇天は、キリストにだけ起こった出来事ではありません。キリストを信じる人々の上にも、ユダヤ人にも異邦人にも、起こりました。イエスにおいてなされた神の恵みのわざを信じ、受け入れるということは、復活と昇天という事実が彼らの上に実現したことを意味する、とパウロは語ります。ユダヤ人であろうと、異邦人であろうと、福音を聞き、神の恵みによって信仰が与えられた人々の上に、キリストの上に起こった出来事が起こるのです。

ユダヤ人も信仰によってキリストに合わされ、異邦人も信仰によってキリストに合わされたとき、何が起こるのでしょうか。パウロは二章一一節以下でこの出来事をさらに説明しています。キリストによって壁が破壊されたというのです。ユダヤ人と異邦人、「私たち」と「あなたがた」の間にある、律法――特に割礼、食物規定、安息日規定――によって建てられていた壁が崩れたのです。

実に、キリストこそ私たちの平和です。キリストは私たち二つのものを一つにし、ご自分の肉において、隔ての壁である敵意を打ち壊し、様々な規定から成る戒めの律法を廃棄されました。こうしてキリストは、この二つをご自分において新しい一人の人に造り上げて平和を実現し、二つのものを一つのからだとして、十字架によって神と和解させ、敵意を十字架によって滅ぼされました。（一四～一六節）

律法という規定により「隔ての壁である敵意」（一四節）が存在していました。しかし、キリストのわざによって、この敵意が取り除かれました。「様々な規定から成る戒めの律法」は廃棄されたのです（一五節）。神の偉大な力によってキリストがこのようなことをなしてくださったからこそ、この方と共によみがえらせ、共に天上で座に着かせていただいた者は、異邦人であろうと、ユダヤ人であろうと、一つの神の民となるのです。

「新しい一人の人」（一五節）という表現があります。これは、復活したキリストご自身を指し示しているとともに、キリストに結び合わされた人々によって生み出された神の民、すなわち教会を指しています。教会は、キリストを中心とし、さらにキリストと一つとされている存在です。様々な民族出身者がいようと、かつてはお互いに敵対し合っていた者たちがいようと、かつては神と敵対していた人がいようと、みなが「一つのからだ」となっています（一六節）。キリストのわざは、人々の間にも平和を造り出すわざなのです。

最初の夫婦が善悪を知る木のもとで生み出し、人類が共有している問題は、神から離れていることによって生み出される互いの敵意でした。本来は「一つのからだ」であるはずの夫婦（創世二・二四）の間に分裂が生まれました。しかし、キリストが十字架という木に架けられることによって生み出したのは、「一つのからだ」、すなわち「キリストのからだ」（エペソ四・一二、五・三〇）です。そして、新しい神の家族が生み出されたのです。

あなたがたは、もはや他国人でも寄留者でもなく、聖徒たちと同じ国の民であり、神の家族なのです。（二・一九）

ユダヤ人のみならず、異邦人も神の家族に加えられました。アブラハムの祝福を継承する神の民と同じ民、神の王国の民となり、アブラハムを父とする神の家族の一員になったのです。そこにあるのは、民族の違いを包含する一つのからだ、一つの家族です。

この家族は、旧約聖書でイスラエルに与えられた約束を継承する家族です。つまり、アブラハムの家族の一員に異邦人は加えられたのです。このことは、十戒に関する次のことばからわかります。

子どもたちよ。主にあって自分の両親に従いなさい。これは正しいことなのです。「あなたの父と母を敬え。」これは約束を伴う第一の戒めです。「そうすれば、あなたは幸せになり、その土地であなたの日々は長く続く」という約束です。（六・一～三）

異邦人にも、十戒というイスラエルへのことばが有効となり、特にそこで記されている祝福の規定が当てはまるのです。このようにして、異邦人も信仰によって神の家族の一員に加えられ、イスラエルに主が与えられた祝福を共に受け継ぐものとなるのです。このことを見てもわかるように、イエスを通してイスラエルは回復され、アブラハムの祝福が異邦人へと広がり、神の計画が前進していることがわかります。

さらに、一つの家族は、神の栄光の臨在を指す聖霊がとどまる神殿（聖なる宮、神の御住まい）と呼ばれています。

このキリストにあって、建物の全体が組み合わされて成長し、主にある聖なる宮となります。あなたがたも、このキリストにあって、ともに築き上げられ、御霊によって神の御住まいとなるのです。（二・二一〜二二）

地中海沿岸に散らばる、ユダヤ人と異邦人によって構成される教会こそが、神の栄光がとどまる神殿なのです（使徒二章参照）。その一方で、エルサレムの丘にある神殿に、イスラエルの神の栄光はもはやとどまっていません。聖霊という神の栄光がとどまっているキリストのからだ、つまり教会こそ、新しい神殿なのです。

ただし、教会という神殿の建築には時間がかかります。キリストによって結び合わされた人々が、神によって組み合わされ、成長させていただき、神殿となっていくのは一朝一夕には実現されません。ですから、パウロの手紙では、「一つの神殿」である彼らが一つになるためにどうしたらいいのか、詳しく書かれているのです（たとえば、ローマ一二～一五章）。教会は、神の家族、神殿となり、神の栄光を宿し続けるためには、そこに集められているお互いが組み合わされていくことを学び続ける必要があります。

こうして、キリストのわざによって、ユダヤ人も異邦人も信仰によって神の家族の一員に加えられ、イスラエルに主が与えられた祝福を共に受け継ぐ者となりました。イエス・キリストを通して、イスラエルは回復され、アブラハムの祝福が異邦人へと広がり、神の計画が前進していったのです。

D 将来を先取りして生きる神の民

天地を統べ治める王として昇天されたイエスは神のかたちとして天においてすべてを支配し、聖霊が下されて、弟子たちの間に神の栄光がとどまり、弟子たちは神の福音を宣証し始めました。そして、聖霊がとどまる神殿である、異邦人とユダヤ人とが一つとされた新しい神の民、すなわち教会が誕生し、彼らは神のかたちとしての使命を生き、全世界へと広がって行きました。

ここまで聞くと、良いことばかりです。イエスの働きによって問題などない世界が誕生したかのように思えます。けれども現実はそう甘くはありません。

福音が宣べ伝えられることによって生み出された教会について新約聖書に書かれていることを見ていくと、「初代教会に戻ろう」というスローガンは決して正しいものではないことに気がつきます。なぜならば、現代の教会が直面しているのと全く同じ問題に初代教会も直面していたからです。

コリント人への手紙第一を見ると、クリスチャンの間に分派があり、淫行が見いだされ、偶像崇拝が当たり前のようになされ、社会的経済的格差による差別が起こり、礼拝が混乱しています。そして、心配事に満ちあふれている、とパウロは独白しています。


ほかにもいろいろなことがありますが、さらに、日々私に重荷となっている、すべての教会への心づかいがあります。（Ⅱコリント一一・二八）

困難は教会の外の社会からも降りかかってきます。パウロは自分が経験した苦しみを、このことばの直前に列挙しています。

彼らはキリストのしもべですか。私は狂気したように言いますが、私は彼ら以上にそうです。労苦したことはずっと多く、牢に入れられたこともずっと多く、むち打たれたことははるかに多く、死に直面したこともたびたびありました。ユダヤ人から四十に一つ足りないむちを受けたことが五度、ローマ人にむちで打たれたことが三度、石で打たれたことが一度、難船したことが三度、一昼夜、海上を漂ったこともあります。何度も旅をし、川の難、盗賊の難、同胞から受ける難、異邦人から受ける難、町での難、荒野での難、海上の難、偽兄弟による難にあい、労し苦しみ、たびたび眠らずに過ごし、飢え渇き、しばしば食べ物もなく、寒さの中に裸でいたこともありました。

（二三～二七節）

投獄、むち打ち、死に直面すること、四十に一つ足りないむち、ローマの兵からのむち、石打ち、難船、海上漂流、川での遭難、盗賊、ユダヤ人や異邦人から苦しめられたこと、都会でも、荒野でも、海の上でも苦しみに遭ったこと、クリスチャンだと自称している人々から苦しめられたこと。眠られない夜を過ごし、飢え渇き、食物に欠き、寒さに凍え、裸で過ごさなければならなくなったこと。イエスが死人の中から復活し、天においてすべての権威が与えられた世界で、パウロは数え切れないほどの苦しみを味わっているのです。

死人の中からイエスは復活され、今、王として世界を治めている、と福音を告げて世界中を巡っているパウロ自身が、内憂外患の状況に置かれています。罪と死はイエスの十字架と復活によって完全に打ち負かされましたが、古い世界はまだ、パウロの周りに、教会の中に、教会の外の世界にあふれています。

神の計画は失敗に終わったのでしょうか。イエスの十字架と復活は、この世界を新しくすることができなかったのでしょうか。パウロ自身は、同じコリント人への手紙第二で、それでも神は新しい世界を始めたと語っています。

ですから、だれでもキリストのうちにあるなら、その人は新しく造られた者です。古いものは過ぎ去って、見よ、すべてが新しくなりました。(五・一七)

このみことばは、ある個人に起こったことだけを述べているのではありません。キリストのわざのゆえに、キリストにあるすべての造られたものが新しくされたと宣言しています。つまり、神のご計画の目標である新しい創造が、悪と罪の力が跋扈するこの世界でもうすでに始まっているのです。それは、「神はキリストにあって、この世をご自分と和解させ」られたからです(一九節)。神と和解した世界に今、私たちは生きています。神はあらゆる罪と悪とのろいを、イエスの十字架において取り扱われました。そして、キリストが神のかたちとして、新しい神の世界の管理、つまり王としての支配を始めておられるのです。

このようにして、新しい天と新しい地はキリストの復活においてすでに始まっています。もちろん、パウロと人々を苦しめている古いものは存在しますが、それらは「過ぎ去った」と断言できます。そして確かに「すべてが新しく」なったのです。

これは矛盾に満ちたことばでしょう。しかし、このことばは真実です。罪と悪がいまだに力をもっているこの世界の真ん中で、すべてのものの新しい創造は確かに始まっているのです。そして、そのことを信じて生きるようにとパウロは勧めています。

それでは、新しい創造が確かに始まっていることを信じて生きるとはどのような生き方でしょうか。それは次のことばに簡潔にまとめられています。

こういうわけで、いつまでも残るのは信仰と希望と愛、これら三つです（Ⅰコリント一三・一三）

つまり、信仰と希望と愛です。信仰に生きるとは、イエスが十字架の死に至るまで従順であられたように（ピリピ二・八）、その歩みに倣って、神に対して誠実に生きることです。希望に生きるとは、子どもが与えられることなど決してありえない年齢になったアブラハムが最後の最後まで希望を失わなかったように（ローマ四・一八）、神に対しての希望をもって生きることです。そして、愛に生きるとは、イエスが十字架において自らを献げられたように（ガラテヤ二・二〇）、自らを他者のために献げて生きることです（Ⅰコリント一三・四～七）。

信仰と希望と愛は、世界が完成される時、すなわち新しい天と新しい地の到来の時がやってきても、また私たちが神を完全に知るような日が訪れても、終わりを迎えることはありません。これらは「残る」のです（一三節）。一方で、預言や異言や知識は、完成の時には終わりを迎えます（八節）。神について部分的にしか知らない私たちに、少し余分に知らせてくれるのが、預言、異言、知識だからです。神について完全に知ることができるのであれば、預言や異言や知識は必要ありません。

今、私たちは鏡にぼんやり映るものを見ていますが、そのときには顔と顔を合わせて見ることになります。今、私は一部分しか知りませんが、そのときには、私が完全に知られているのと同じように、私も完全に知ることになります。（一二節）

世界が完成されるとき、つまり「そのとき」、神と顔と顔を合わせて見るようになります。ですから、古いものがまだ続いているかのように見える世界の真ん中で信仰と愛と希望に生きるとき、弟子たちは、世界の完成、すなわち新しい創造を先取りして生きているのです。

信仰と希望と愛に生きたからといって、この時代にあらゆる面で成功できるわけではありません。最後の最後まで信仰と希望と愛に生きたイエスがこの世界で受けたのは、十字架の死だからです。新しい創造を先取りして生きることは、苦難の道を歩むことです。大損をし、犠牲を払い続けることです。それでも将来を確信するのです。しかし、イエスの十字架が罪と死という敵を完全に打ち破ったように、信仰と希望と愛に生きる人々の苦難を通して、敵は次々と打ち破られ、新しい創造がこの世界の真ん中で輝きを増していきます。

新しい創造の生きる生き方は、私たちのうちに初めから宿っているものではありません。神の民の間にとどまり、いのちを与え、愛に生きるように私たちのからだを動かす聖霊(ローマ八・一一)が与えてくださるものです。

しかし、御霊の実は、愛、喜び、平安、寛容、親切、善意、誠実、柔和、自制です。このようなものに反対する律法はありません。(ガラテヤ五・二二〜二三)

聖霊がその人に与えるものの最初に挙げられているのが愛です。神の栄光の臨在である聖霊は、新しい創造の生き方、王であるイエスがおられる天に属する特性である愛を、地上に生きる私たちのうちに「実」として生み出してくださいます。そして、地上にある教会は、神のかたちという、創世記で与えられた使命をこの地上で行い、天におられる神のわざを地において進めていくことができるようになるのです。
信仰と希望と愛に生きるとは、決して簡単なことではありません。罪と死の力に押しつぶされ、古い世界が続いているような現実を目の当たりにして、理不尽だ、不条理だ、と叫ぶでしょう。世界に広がる痛みのために、祈ることばさえ失ってしまうこともあるでしょう。しかし、苦難と痛みに満ちた世界の真ん中で、神の民が信仰と希望と愛に生き、そこで祈るとき、聖霊はそこを神の臨在の場所としてくださいます。

同じように御霊も、弱い私たちを助けてくださいます。私たちは、何をどう祈ったらよいか分からないのですが、御霊ご自身が、ことばにならないうめきをもって、とりなしてくださるのです。人間の心を探る方は、御霊の思いが何であるかを知っておられます。なぜなら、御霊は神のみこころにしたがって、聖徒たちのためにとりなしてくださるからです。神は、神を愛する人たち、すなわち、神のご計画にしたがって召された人たちとともに働いて、すべてのことを益としてくださることを、私たちは知っています。（ローマ八・二六〜二八、一部私訳）

何をどう祈ったらよいかわからない者の祈りを聖霊がともにうめいて、とりなしてくださるのです。そして、聖霊によって「人間の心を探る方」（二七節）、すなわち神ご自身がそのことを知ってくださり、神がそこで私たちと「働いて」（二八節）くださいます。この世界で最も残虐な出来事が起こっている現場であったとしても、そこで神の民が祈るならば、そこは神の栄光が燦然と輝き続ける場所、神殿となり、十字架の輝きをそこで人々は見るのです。そして、不思議な形で神のわざは進んで行きます。（ローマ八・二八については、N・T・ライト著『神とパンデミック――コロナウイルスとその影響についての考察』鎌野直人訳〔あめんどう、二〇二〇年〕六六～七〇頁を見てください。）

苦難に満ちた世界の真ん中で、神はこれだけすばらしい働きを神の民を通して進めてくださっています。それは何よりも、神がアブラハムとの契約、モーセを介する契約、ダビデとの契約に対して忠実に行動し、そのクライマックスとしてイエスによる和解のわざを実現してくださったからです。この神のわざから生み出されるのが、神の民による福音の宣教です。

これらのことはすべて、神から出ています。神は、キリストによって私たちをご自分と和解させ、また、和解の務めを私たちに与えてくださいました。すなわち、神はキリストにあって、この世をご自分と和解させ、背きの責任を人々に負わせず、和解のことばを私たちに委ねられました。

　こういうわけで、神が私たちを通して勧めておられるのですから、私たちはキリストに代わる使節なのです。私たちはキリストに代わって願います。神と和解させていただきなさい。（Ⅱコリント五・一八〜二〇）

　福音の宣教とは「和解の務め」であり、委ねられた和解のことばを伝えることであり、キリストに代わって人々に「神と和解させていただきなさい」と勧めることです。こうして、イエスからその全権を委ねられた者として福音を宣べ伝えているとき、神のわざは私たちを通してこの地上において進められます。そして同時に、私たちの福音宣教は、アブラハムとの契約、モーセを介する契約、ダビデとの契約に対して神が忠実に行動しておられることの証しとなるのです。そのようにして神の忠実を世界に示す私たちの姿をパウロは「神の義」（二一節）と呼んでいます。

E　現代日本のクリスチャンはこの物語のどこに生きているのか

　二十一世紀の日本に生きる私たちクリスチャンは、ここで語られている「今」に生きています。イエスの十字架と復活によって神はその都に帰還し、新しい創造を始められ、天に上げられたイエスは神のかたちとして天地を統べ治めて、人が本来なすべき使命を進めておられます。そして、キリストのわざによって生み出された、異邦人とユダヤ人が一つとされた神の民、すなわち教会は、神殿として神のわざをこの地上で行っています。教会は、それでもなお自分の内側にさえ悪と死の力が影響を及ぼしていることを理解しておくべきですし、外側からの攻撃をも受ける覚悟が必要です。そのような複雑な現実の中にあっても、教会は世界の完成の日を目指して、信仰と希望と愛に生きるように招かれていま す。さらに、福音に基づく神との和解を宣証することによって、旧約聖書の約束に対する神の忠実さの現れ、神の義となるように勧められているのです。

ですから、冒頭で述べたように、教会という物語の第五幕に生きている私たちは、第五幕のあるべき姿に土台を置きつつ、新しい創造という第六幕へ向かって、そして第六幕を先取りして進むように招かれています。新しい創造の現実を先取りしつつ、問題が山積みの現在を戦いつつ、歩むのです。私たちは自分たちが置かれているこの位置を正しく理解するためには、第一幕から第四幕までの流れを知るのみならず、来たるべき第六幕、聖書の物語のゴールを知らなければなりません。

〈まとめ〉

一　イスラエルの神のエルサレムへの帰還は、神の栄光がペンテコステの日に聖霊としてイエスの弟子たちの間に下ることにより完成した。そして、天に行かれた神のかたちであるイエスによる世界統治のわざを、地において聖霊による神のかたちとされた弟子たちによって実現し始めた。
二　弟子たちは、地の諸国民に遣わされ、そこでイエスこそ主であり、ローマ皇帝は主ではないことを、そしてイスラエルの神の王としての支配が確かに始まったことを、ことばと行いによって伝えた。その結果、異邦人とユダヤ人から成る神の民、すなわち教会が誕生した。その証しとして、聖霊がイエスを信じる異邦人の上にも下られた。
三　弟子たちが伝えた福音とは、「旧約聖書の約束に基づいて、神はイエスを死人の中からよみがえらせ、やがて来たるべきさばきの日に地に送られる」というもので、「聖書六十六巻を貫く一つの物語」の概要とほぼ等しいものである。この福音によって、イスラエルに与えられた約束を受け継ぐ一つの神の民が生み出された。
四　罪と死の力は、地にある者たちに及んでおり、教会の内外で問題を生み出すとともに、教会を攻撃している。そのような中にあっても、イエスの復活によって神の新しい世界、新しい創造は始まっている。だから、教会は、信仰・希望・愛という新しい創造の世界を生き、苦難の場さえも祈りによって神の臨在の場とし、福音を世界に語り続ける。

Ⅶ　新しい創造――新天新地の到来と神のかたちの回復
〈ヨハネの黙示録〉

「聖書六十六巻を貫く一つの物語」は、新天新地の到来をもって、そのゴールを迎えます。復活されたイエスは神のかたちの初穂として天において地を治めておられます。そして、天が地に下り、天と地が一つとされるとき、王であるキリストは地に再び来られ、死んだ者たちをよみがえらせます。そして、復活させられた者たちは神のかたちとしての働きを全うし始めます。世界は正しく統治され、いのちが満ちあふれます。

A　王であるイエスの地上への帰還

「聖書六十六巻を貫く一つの物語」のゴールは、新天新地の到来による新しい創造の完成です。新約聖書を読み進めていると、このときに三つの出来事が起こります。

まず、天で世界の王として支配していたイエスが、地上に凱旋されます。再臨です。

号令と御使いのかしらの声と神のラッパの響きとともに、主ご自身が天から下って来られます。そしてまず、キリストにある死者がよみがえり、それから、生き残っている私たちが、彼らと一緒に雲に包まれて引き上げられ、空中で主と会うのです。こうして私たちは、いつまでも主とともにいることになります。（Ⅰテサロニケ四・一六～一七）

ここにあるように、地がそのまことの王であるイエスを天からお迎えします。エルサレム入城において王として都エルサレムに入った方が、終わりの時には天から地へと下って来られるのです。

このとき、「生き残っている私たちが、彼らと一緒に雲に包まれて引き上げられ、空中で主と会う」（一七節）とあります。この出来事は多くの場合、「携挙」と理解されています。地上から引き上げられた者たちが空中で主に会い、そのまましばらく天にいる、と考えられるのです。しかし、ここではむしろ、ローマ皇帝が植民地を訪れる際の出来事が模倣されていると考えるべきでしょう。ローマ皇帝が植民地へ来るとき、その到来がわかったならば、植民地の住人たちは町を出て、街道の途中まで出向き、皇帝を迎えました。そして、皇帝を迎えつつ、すぐさま一緒に彼らの住んでいる植民地へ入って行く姿です。エルサレム入城の際のイエスの姿もこれとよく似ています（マタイ二一・八～一一など）。イエスを迎えた人の多くは、もともとエルサレムに滞在していた人で、彼らが町から街道に出て、到着される王を迎えた、と考えるほうが自然です。ですから、イエスの再臨の際、生き残った者は主を迎えて空中へと行きますが、すぐさま主を迎えて地上へと下り、地上において主とともに住むようになるのです。(このあたりについては、N. T. Wright, "Farewell to the Rapture," *Bible Review*〔August, 2001〕を参照。)

二つめに起こることは死人の復活です(Iテサロニケ四・一六)。これは、イエスの再臨と不可分な出来事です。イエスの時代、ユダヤ人たち、特にパリサイ派の人々も死人の復活を信じていました。たとえば、ヨハネの福音書に登場するマルタもそのことを信じています。

イエスは彼女に言われた。「あなたの兄弟はよみがえります。」マルタはイエスに言った。「終わりの日のよみがえりの時に、私の兄弟がよみがえることは知っています。」(一一・二三〜二四)

自分の兄弟であるラザロの死に際してイエスから彼の復活について聞いたとき、彼女はそのことが確かに起こることを知っていると確信をもって答えました。ただし、ラザロが今このときによみがえるとは思っていませんでした。

先に述べたように、メシアであるイエスひとりが最初に復活させられたことは、復活を信じていたユダヤ人たちの理解に大きなチャレンジを与えました。なぜならば、復活は終わりの日に一気に起こるのではなく、「眠った者の初穂」（Ⅰコリント一五・二〇）としてのイエスの復活と、終わりの日の多くの人々の復活という二段構えになることが明らかになったからです。つまり、「それぞれに順序があります。まず初穂であるキリスト、次にその来臨のときにキリストに属している人たちです。それから終わりが来ます」（二三～二四節）となるからです。

その一方で、イエスがすでに復活したということは、終わりの日の死人の復活が確かなものであることを保証しています。初穂（イエスの復活）を見た者たちは、後に来る大収穫（多くの人々の復活）を大いに期待するでしょうし、神はその期待を決して裏切らないお方です。

それでは、終わりの日の死人の復活の時、人はどのようになるのでしょうか。イエスの復活がもうすでに起こっていますから、そこから想像できます。復活されたイエスを見た人は、初めはそれがイエスだとわかりませんでしたが、後にそうであると気づきました。つまり、復活されたイエスは壁や扉をすり抜けて弟子たちのところに来られました。つまり、復活の時に与えられるからだは、今現在のからだと連続してはいます（よく見れば、その人だとわかる）が、やはりどこか異なるからだなのです（現在のからだではできないことができる）。神の民は、そのような特別なからだを神からいただきます。そのようなからだをいただくことは復活の希望の一つです。

三つめの出来事は、最後の審判です。

それから終わりが来ます。そのとき、キリストはあらゆる支配と、あらゆる権威、権力を滅ぼし、王国を父である神に渡されます。すべての敵をその足の下に置くまで、キリストは王として治めることになっているからです。最後の敵として滅ぼされるのは、死です。（一五・二四〜二六）

この世界を支配してきた、あらゆる悪しき支配、権威、権力に対する審判が行われます。これらのものは打ち破られ、父なる神による正しい統治が地に確立します。つまり、キリストの復活後も綿々と続いていた罪と死の支配そのものが終わりを告げるのです。

十七世紀初頭のイギリスの詩人であるジョン・ダンは、終わりの日に到来する罪と死の支配の終わりを次のようにまとめています。

死はもはやない。
死よ、お前が死ぬのだ。（ジョン・ダン「聖なるソネット10」）

「最後の敵として……死」（一五・二六）が滅ぼされるのです。そして、「みこころの天になるごとく、地にもなさせたまえ」という主の祈りのことばが全地に実現します。そのとき、天地創造の神による正しい統治が、天においてのみならず、地においても十全的に実現するのです。

終わりの日の到来を喜ぶのは人だけではありません。まず、詩篇の記者は、最後の審判による正しいさばきの到来を全被造物が待ち望んでいると語っています。

全地よ　**主**に喜び叫べ。
大声で叫び　喜び歌い　ほめ歌を歌え。
主にほめ歌を歌え。竪琴に合わせて。
竪琴に合わせ　ほめ歌の調べにのせて。
ラッパに合わせ　角笛の調べにのせて
王である**主**の御前で喜び叫べ。
海とそこに満ちているもの
世界とその中に住むものよ　鳴りとどろけ。
もろもろの川よ　手を打ち鳴らせ。

山々も　こぞって喜び歌え。
主の御前で。
主は　地をさばくために来られる。
主は　義をもって世界をさばき
公正をもって諸国の民をさばかれる。（九八・四〜九）

この詩には「全地」、「海とそこに満ちているもの」、「世界とその中に住むもの」、「もろもろの川」、「山々」が登場します。そして、これら全被造物がそろって喜び歌うように呼びかけられています。それは主が来られるからです。主のさばきが到来し、義による主の統治が地上において実現し、諸国の民の間で公正な統治が実現するとき、全被造物は喜ぶのです。ローマ人への手紙でも、終わりの審判が来るのをうめき、待っている被造物の姿が描かれています（八・一八〜二二）。

B　新しい天と地の到来と神の臨在

それでは、なぜイエスの再臨・復活・最後の審判が全被造物の喜びとなるのでしょうか。新しい天と新しい地の到来とともに実現するのが、悪と死に対する主の厳粛な審判です。

このことをヨハネの黙示録も描いています。一九～二〇章では、大淫婦バビロン（一九・一～三）、獣と偽預言者（一九～二一節）、竜（二〇・一～三）、悪魔（七～一〇節）、死とよみ（一一～一五節）に対して、神の審判が下り、これらが「死ぬ」からです。

その直後、ヨハネは新しい天と新しい地を見ます。

また私は、新しい天と新しい地を見た。以前の天と以前の地は過ぎ去り、もはや海もない。私はまた、聖なる都、新しいエルサレムが、夫のために飾られた花嫁のように整えられて、神のみもとから、天から降って来るのを見た。（二一・一～二）

ヨハネが見た新しい天と新しい地は、これまでの天と地が少し修正されたようなものではありません。また、過去の栄光の状態（たとえば堕落前のエデンの園）に戻ったのでもありません。「以前の天も以前の地も過ぎ去り」（一節）とあるように、すべてが全く新しくなっています。そこには海もありません。「海」はヨハネの黙示録一三章一節を見ると、主に逆らう勢力を生み出す存在でした。これがなくなるということは、主の統治が完成され、主に逆らうものたちが完全に追いやられた世界が到来することを意味します。

さらに、「聖なる都、新しいエルサレムが……天から降って来る」（二一・二）のです。これは神の計画のゴールです。この新しい都は、神が新たに建てられる、神と人とが共に働く都です。そして、この新しい都は「天」から、すなわち神から地上に与えられます。人が天に上って行くことによって神の計画が全うされるのではありません。神の完全な支配が確立している天が、この地に下りて来ることによって完成するのです。つまり、エペソ人への手紙において語られていた、「時が満ちて計画が実行に移され、天にあるものも地にあるものも、一切のものが、キリストにあって、一つに集められることです」(一・一〇)という天と地が完全に一つになる時が到来するのです。

私たちは、自分たちが死んで、天国に行けばそれでいい、と考える傾向にあります。しかしそれでは、聖書が語る物語の最後の部分を見失ったままでいることになります。聖書は、天が地に下りて来て、この地に神の都ができて初めて、すべてが完成すると理解しています。私たちが待ち望む新しい天と新しい地は、地に到来するのです。

新しい天と新しい地が到来し、新しいエルサレムが天から下って来ることによって何が起こるのでしょうか。それは、神と人が共に住む世界の到来です。

私はまた、大きな声が御座から出て、こう言うのを聞いた。
「見よ、神の幕屋が人々とともにある。
神は人々とともに住み、人々は神の民となる。
神ご自身が彼らの神として、ともにおられる。

神は彼らの目から
涙をことごとくぬぐい取ってくださる。
もはや死はなく、
悲しみも、叫び声も、苦しみもない。
以前のものが過ぎ去ったからである。」（黙示録二一・三～四）

「神の幕屋」（三節）とありますが、これは「テント」という意味ではありません。「神の住まい」を意味しています。それが人々の真ん中に下って来ます。出エジプト記において、荒野のイスラエルの民の間に「幕屋」を通して実現したことが、今度は全世界の民の間に「幕屋」を介さずに、直接的に実現するのです。「神は人々とともに住む」（三節）のです。そして、人は神の民となり、神は彼らの神となります。契約の再更新です（出エジプト記参照）。ちょうど花嫁と花婿が結び合わされて一つとなるように（黙示録二一・二）、神の臨在のうちに人は生きるようになり、神と人を隔てるものは一切なくなります。出エジプトにおいて間接的に実現し、イエスの来臨によってその実現が始まり（ヨハネ一・一四）、新しい天と新しい地では完全に実現するのです。

神の臨在のうちを人が住むということは、この聖なる神と対照的なもの、すなわち、死、悲しみ、叫び声、苦しみもなくなるということです（黙示録二一・四）。悪と罪と死の支配が、これらを生み出していました。地にはこれらが満ちていました。しかし、最後の審判を通して神の正しいさばきが悪と罪と死の上に下されるとき、これらは全く過ぎ去ります。死が「死んだ」結果、いのちに満ちあふれます。神の臨在がそこにある新しい天と新しい地が到来します。このようにして、天が地に下ることによって天地は一つとなり、神が計画しておられたすべてのことが成就するのです。

新しい天と新しい地には、もはや神殿はありません。

私は、この都の中に神殿を見なかった。全能の神である主と子羊が、都の神殿だからである。都は、これを照らす太陽も月も必要としない。神の栄光が都を照らし、子羊が都の明かりだからである。（二一〜二二節）

神殿は地にあって、天を地と結びつけるものでした。そして神殿を通して、天の神の臨在が地上に明らかにされていました。しかし、神と子羊が天から地に下り、地上の新しいエルサレムに来られました。そこに住んでおられるのです。ですから、地上にある都に神の臨在が満ちあふれます。天が地に到来するのですから、天と地を結びつける神殿は必要ありません（二二節）。さらに、神の栄光の輝きが満ちている都には太陽も月も必要ありません（二三節）。光そのものである方が地上におられるからです。

新しい天と新しい地が実現するまでは、人は神の栄光に近づくことができませんでした。しかし、すべてが更新された新しい天と新しい地では、神と人を隔てるものは何一つなくなります。天が地に下り、天と地は一つになるのです。

C　神のかたちに回復された神の民による世界の統治

天が地に下り、天と地が一つになるところで神の最終的なご計画がその完成を迎えるわけではありません。神の民が世界を統治するのです。

まず、新しい都エルサレムに焦点を向けてみましょう。そこには神と子羊がおられ、神殿は必要なく、太陽も月もありません（二一・二二～二三）。そこに諸国民がその栄光と誉れを携えて登って来ます（二四～二六節）。都の中心には、神と子羊の王座が置かれています（二二・三）。「神の王座」と「子羊の王座」という二つの座があるわけではありません。一つの王座を「神と子羊」が共有しています。ですから、この王座を見る者たちは、「御顔を仰ぎ見る」（四節）のです。神殿という聖所を介在しなくても、「神と子羊」の臨在のもとに人は近づくことができるのです。

王座から川が流れ出てきます。

御使いはまた、水晶のように輝く、いのちの水の川を私に見せた。川は神と子羊の御座から出て、都の大通りの中央を流れていた。こちら側にも、あちら側にも、十二の実をならせるいのちの木があって、毎月一つの実を結んでいた。その木の葉は諸国の民を癒やした。（一〜二節）

「水晶のように輝く、いのちの水の川」が流れ出てきます。いつまでも尽きることなく水は湧き出て、都の大通りの真ん中を流れます。そして、この川の両側には、「いのちの木」があります。十二種の実を毎月一種類ずつ実らせるのです。

川は旧約聖書にも登場します。いのちの木が植えられていたエデンの園から川が流れ出ていました（創世二・九〜一四）。エゼキエル書に描かれている神殿の幻でも、神殿から川が流れ出し、その川のほとりにある果樹は毎月新しい実を実らせます（四七・一〜一二）。新しい都は、同時に、新しい楽園ともなるのです。さらに、エゼキエルの幻と同じように（二二節）、いのちの木の葉は諸国の民を癒やす力があります（黙示録二二・二）。

この川とこの木の祝福にあずかり、癒やされるのはどのような人々でしょうか。神と子羊を王と認めず、悔い改めない者たち（二一・二七）、つまり「のろわれるもの」たち（二二・三）は新しいエルサレムに入ることはできません。しかし、自らの栄光と誉れを携えてこの都に来る諸国の王（二一・二四）、そして諸国の民（二六節）は、主こそ王であることを認め、悔い改め、へりくだります。ですから、「鉄の杖」(一二・五)によるさばきではなく、いのちの木の葉による癒やしが彼らに与えられるのです。

新しいエルサレムにおいては、神の御顔を仰ぎ見つつ、神のしもべは神に仕えています。

もはや、のろわれるものは何もない。神と子羊の御座が都の中にあり、神のしもべたちは神に仕え、御顔を仰ぎ見る。また、彼らの額には神の御名が記されている。もはや夜がない。神である主が彼らを照らされるので、ともしびの光も太陽の光もいらない。彼らは世々限りなく王として治める。(二二・三〜五)

額に神の御名が記されている、つまり、神の所有物となったしもべたち(四節)は神に仕えます。しかし、「仕える」という神への礼拝だけにとどまりません。神と子羊とともに、「世々限りなく王として治める」のです(五節)。つまり、復活し、新しい天と新しい地に入れられた人々は、神のかたちとして回復され、天地創造の神、世界の王である方の統治を地上において代表し、それを実現していくのです。そして、世界の王である神と御子が地上を治めるように、世界を王としてこの地を統治する責任を果たしていきます。御子が治めるように人は治めるのですから、人の統治は力によって他者をコントロールするローマ帝国のようなものではありません。御子の十字架に表されているように、世界を愛し、自らを与えることによって被造物に命を満たす支配です。

こうして、昇天されたイエスによって初穂として始められた神のかたちである人による世界の統治は、復活した人々による十字架の形をした統治によって完成に至ります。これこそ、全被造物がうめき、望んでいた将来です。


被造物は切実な思いで、神の子どもたちが現れるのを待ち望んでいます。被造物が虚無に服したのは、自分の意志からではなく、服従させた方によるものなので、彼らには望みがあるのです。被造物自体も、滅びの束縛から解放され、神の子どもたちの栄光の自由にあずかります。(ローマ八・一九〜二一)

「神の子どもたち」、すなわち、全く新しくされた神の民の統治によって、すべての被造物はその滅びの束縛から解き放たれ、正しく支配され、本来の輝きを示すことができるようになります。これこそ、神の壮大なご計画の完成です。神が共に住まわれるこの地上は、神の栄光に満ちあふれた世界となります。ですから、全被造物は、この日の到来を心待ちにしています。そして、この日が到来したとき、諸手を挙げて喜ぶのです。

しかし、これは「終わり」ではありません。神のご計画の完成ではありますが、それは「新しい始まり」です。新しい天と地において、神のかたちに造られた人がその使命を遂行し、すべての被造物とともに、何よりも天地を造られた神とともに歩む新しい冒険が始まるからです。

D　無駄にならない今の働き

聖書が語る物語は、新しいエルサレムが天から地へと下って来て、そのゴールを迎えることからわかるように、天における神の支配が地に完全に実現してゴールを迎えます。一方で、普段から私たちがよく話題にする「人が死んだ直後に行く天国」についてはあまり書かれていません。もちろん、イエスは十字架の上で「パラダイス」（ルカ二三・四三）について語っておられます。また、死んだ後に「キリストとともにいる」（ピリピ一・二三）ことをパウロが願っているとは書かれています。多くの殉教者たちの天における賛美についても描かれています（黙示録七・九～一七）。「死後のいのち」は大切です。しかし、聖書がそれ以上に時間をかけて私たちに語り続けているのは、「死後のいのち」ではなく、『死後のいのち』の後のいのち」、すなわち新しい天と新しい地におけるいのちなのです。ですからヨハネの黙示録は、『死後のいのち』の後のいのち」について語って、その幕を閉じるのです。

新しい天と新しい地とは、次のようにあるとおり、朽ちるべき地が朽ちないものに変えられ、死ぬべき人が不死に変えられ、死の敗北が明らかになる場所です。

この朽ちるべきものが、朽ちないものを必ず着ることになり、この死ぬべきものが、死なないものを必ず着ることになるからです。そして、この朽ちるべきものが朽ちないものを着て、この死ぬべきものが死なないものを着るとき、このように記されたみことばが実現します。

「死は勝利に呑み込まれた。」

「死よ、おまえの勝利はどこにあるのか。

死よ、おまえのとげはどこにあるのか。」（Ⅰコリント一五・五三〜五五）

つまり、神にとって地はたいへん重要なのです。地が破壊されて終わり、というのは、聖書の理解ではありません。

ですから、私たちの地におけるわざも、キリストにあるとき、無駄にはなりません。神が重んじられるこの地への働きかけであるからです。そして、パウロは、復活の章を締めくくるにあたって、次のように語っています。

ですから、私の愛する兄弟たち。堅く立って、動かされることなく、いつも主のわざ

に励みなさい。あなたがたは、自分たちの労苦が主にあって無駄でないことを知っているのですから。(五八節)

「聖書六十六巻を貫く一つの物語」の一参加者として歩む私たちは、今、主にあって行っている私たちの小さなわざも、終わりの日に地の上に完成される神の王国を立て上げるわざのどこか一部を担っていることを覚えることが大切です。そして、今、神のかたちに回復された者として行っている小さな働きは、たとえそれが完璧なものでなかったとしても、意義があるのです。私たちは、神がこの世界のために立てておられる計画のゴールを知っていますから、将来、私たちのところに来る新天新地を先取りしつつ、無駄になることのない主のわざに全力を注いで、今このときを生きることができます。神は不思議な方法で、今の私たちのわざを用いて、ご自身のすばらしい世界を造り上げていってくださるのです。

〈まとめ〉

一　新天新地の到来による新しい創造の完成は、イエスが地に降りて来られる時に到来する。そのとき、キリストにある死人は復活し、死と罪に対する最終的な審判が下される。

二　新天新地は、全く更新された新しい天地であり、新しいエルサレムが天から下って来することによって完成する。そして、天と地が一つとなり、神が人とともに住む世界が到来する。
三　神のかたちである復活のイエスに倣って回復された人々は、神のかたちとして神の代理として世界を治めるわざを全うするようになる。
四　現在、私たちが神のかたちの教会として地においてなす神のわざは、決して無駄にならず、不思議な形で最終的な神のわざのために用いられる。

さらなる学びのために

「聖書六十六巻を貫く一つの物語」は、いかがだったでしょうか。天地を創造された神が、全被造物のために神のかたちに創造した人を用いて働かれる六幕の物語の概要が見えてこられるようになれば、と願っています。

最後に、さらに学びたい、と願っておられる方々のために、いくつかの本や文献をご紹介します。

まず、本書全体は、筆者がこれまで学んできた様々な方々から影響を受けています。直接的に引用はしていませんが、以下の著作（洋書も含む）から大きな影響を受けています。

S. Dean McBride Jr., "Divine Protocol: Genesis 1:1–2:3 as Prologue to the Pentateuch" in *God Who Creates: Essays in Honor of W. Sibley Towner*, ed. by William P. Brown and S. Dean McBride Jr., Grand Rapids: Eerdmans, 2000, 3–41.

Bernhard W. Anderson, *Contours of Old Testament Theology*, Minneapolis: Fortress

Press, 1999.
Jon D. Levenson, *Sinai and Zion: An Entry into the Jewish Bible*, Minneapolis: Winston Seabury, 1985.
N・T・ライト『クリスチャンであるとは――N・T・ライトによるキリスト教入門』上沼昌雄訳、あめんどう、二〇一五年。

次に、さらに学びたいと願う方々は、日本語で読める以下の本をお勧めします。まず、旧約聖書に関しては次のような本があります。新約聖書への広がりも学ぶことができます。

サンドラ・L・リクター『エデンの物語――旧約の民が読んだ聖書』藤原祥隆訳、いのちのことば社、二〇一六年。
クリストファー・J・H・ライト『神の宣教――聖書の壮大な物語を読み解く』第一巻～第三巻、東京ミッション研究所訳、東京ミッション研究所、二〇一二年、二〇一六年、二〇一六年。

さらに、新約聖書に関しては次のような本があります。どの本も、旧約聖書との関わりから話を進めています。

スコット・マクナイト『新装改訂版　福音の再発見』中村佐知訳、キリスト新聞社、二〇二〇年。

N・T・ライト『シンプリー・ジーザス――何を伝え、何を行い、何を成し遂げたか』山口希生、山口秀生訳、あめんどう、二〇一七年。

N・T・ライト『シンプリー・グッドニュース――なぜ福音は「良い知らせ」なのか』山﨑ランサム和彦訳、あめんどう、二〇二〇年。

子どもたちにわかりやすくお話しするためには、一章でも紹介していますが、

『せかいは新しくなる』文・日本聖書協会、絵・藤本四郎、みんなの聖書・絵本シリーズ三六、日本聖書協会、二〇一一年

をお勧めします。

また、グループでの聖書研究でこの視点から学ぶ場合には次のテキストをお勧めします。

聖書を読む会『救いの基礎　改訂版　聖書が語る世界』聖書を読む会、二〇二〇年。
聖書を読む会『神のご計画　世界の創造から完成まで』聖書を読む会、二〇二〇年。

これらの書籍を通して、さらなる学びが進められれば、と心から願っています。

おわりに

「聖書六十六巻を貫く一つの物語」はいかがだったでしょうか。神学という専門分野の観点から言うならば、聖書全体を神の主権とその摂理という観点から思索する、聖書神学の一つの試みとしてご理解いただければ、と願っています。

本書は、二十年以上にわたって様々なところでお話しした内容が積み重なってできあがったものです。

その萌芽は、二〇〇〇年から二〇〇一年にかけて、北米から帰国後、最初に赴任した日本イエス・キリスト教団西大和キリスト教会および柏原教会で行った信徒学校において語った「聖書のメッセージの起承転結」という七回のシリーズです。当時の両教会の主管牧師であった川原崎晃先生の励ましと配慮によってこのような学びの時をもつことができたことを懐かしく思い起こしています。

本書の原稿が生み出されていったきっかけは、日本イエス・キリスト教団のデボーション誌である「月刊ベラカ」で二〇一二年から二〇一六年にかけて連載された「聖書はほんとうにおもしろい　みことばの鳥瞰と虫瞰」という題のコラムです。毎月、二千字ほどの原稿を書き、聖書全体の流れを綴る作業を地道に進めることができました。締め切りに遅れてばかりの原稿をきっちりと校正してくださった方々、特に当時編集長であった父と細かい作業をしてくださった大垣（ピーター）収さんには心から感謝をしています。ちなみに、現在でも、毎月、「月刊ベラカ」での連載を続けています。興味のある方はぜひご購読ください。

連載と時を同じくして、二〇一四年にキリスト者学生会（ＫＧＫ）の関西地区でもたれたバイブル・エキスポ・コンベンションで「聖書六十六巻を貫く一つの物語」と題する講演を行いました。当時、関西地区の主事であった老松望先生の情熱にほだされて、この内容を大学生たちのために準備したことを懐かしく思います。あの講演がなかったら、本書はここまでまとまらなかったでしょう。あの講演を聞いた者たちの中から、いま教会の働き人となっている人たちが生まれていることは、本当に嬉しいことです。

さらに、ほぼ同様の内容を「我々はどこから来て、どこにいて、どこに行くのか　みことばを読む心を養う」という題で、二〇一七年に日本福音キリスト教会連合西日本地区の夏期学校において講演しました。会場が道後温泉ということもあり、ほっこりしながら、それでもなお筆者が提供したハイペースの学びに参加者の方々もご苦労されたのではないか、と思います。このとき、ぜひ出版してください、との声を参加者からいただいたことが、私を後押ししてくれました。道後温泉本館での林桂司先生との語らいは本当に楽しいものでした。

このようにして積み重ねられていった原稿を聖書学者である三人の友人、河野克也先生、山﨑ランサム和彦先生、島先克臣先生が目を通してくださり、いろいろとアドバイスを下さいました。また、いつものように、いのちのことば社の長沢俊夫さんが編集の労をとってくださり、長尾優さんが美しい装丁を備えてくださいました。ありがとうございます。そして、妻かをりと二人の子どもたち（ゆかり、慈人）がいてくれるからこそ、執筆の作業に力を注ぐことができました。いつも感謝しています。

本書は、筆者がユニオン神学校（バージニア）留学中に多くの刺激と励ましを与えてくれたS・ディーン・マクブライド氏の思い出にささげます。F・M・クロスの愛弟子で、旧約聖書学者として、そしてキリスト者としてだれからも一目置かれていた氏が筆者に与えた影響は、本書の至るところに見いだされます。特に、このような形で聖書神学の試みをしようという考えは、帰国する直前の二〇〇〇年に受講した氏の「聖書神学」の授業と、その授業の中で紹介された R. Kendall Soulen, *The God of Israel and Christian Theology* (Minneapolis: Fortress, 1996) がきっかけです。二〇二〇年に召天されたという報を聞き、あの厳しくもあり、優しくもあった声をもう拝聴できないことを残念に思います。それでも今なお、筆者が博士課程の一年目に受講した聖書釈義セミナーという、実にアカデミックな場で出エジプト記三二章七節から一四節を学んでいるとき、氏が右拳を振り上げて、「神は心を変えることができるお方である。だから、祈りがあり、祭儀があるのだ」と説教し始めた場面を忘れることはできません。彼の出エジプト記と申命記の注解書（両者とも未完）を読みたかった、いつもそう思っています。そして、氏の知見と情熱を次の世代につないでいきたいと心から願っています。

二〇二一年　コロナ禍が続く年　灰の水曜日を待つ二月に

鎌野直人

聖書六十六巻を貫く一つの物語
―神の壮大な計画―

2021年4月1日 発行
2021年11月20日 再刷

著　者　鎌野直人
印刷製本　シナノ印刷株式会社
発　行　いのちのことば社
〒164-0001 東京都中野区中野2-1-5
電話 03-5341-6922（編集）
03-5341-6920（営業）
FAX03-5341-6921
e-mail:support@wlpm.or.jp
http://www.wlpm.or.jp/

ISBN 978-4-264-04252-5